LA MEDICINA DE AYAHUASCA

"Alan Shoemaker lo ha visto todo y lo ha hecho todo. En este libro narra la historia de su vida con humor y pasión. ¡Una lectura que de seguro resultará muy interesante!"

DENNIS MCKENNA, PH.D., ETNOFARMACOLOGISTA
Y AUTOR DE *BROTHERHOOD OF THE SCREAMING ABYSS*
[LA HERMANDAD DEL ABISMO QUE CLAMA] Y COAUTOR DE
THE INVISIBLE LANDSCAPE [EL PAISAJE INVISIBLE]

"*La medicina de ayahuasca* es un viaje revelador sobre la travesía chamánica del Occidente con uno de los gringos más destacados en la frontera de Iquitos. El aprendizaje de Alan Shoemaker sobre la medicina de la ayahuasca está lleno de sorpresas, de relatos genuinos y personifica la metamorfosis cultural a la que debemos someternos aquellos de nosotros que nos conectamos con las plantas de poder. Y mientras una nueva generación de aventureros del Occidente llega a la selva en búsqueda de este misterio, la gran sabiduría de Alan puede ser su interpretación de que la verdadera sanación está dentro de cada uno de nosotros. Al igual que las plantas y los curanderos, las personas del mundo occidental están siendo preparadas para ser sus propios maestros, y Alan Shoemaker es el líder de todos".

RAK RAZAM, AUTOR DE
AYA AWAKENING: A SHAMANIC ODYSSEY
[EL DESPERTAR A LA AYAHUASCA: UNA ODISEA CHAMÁNICA]

"Alan Shoemaker ha tenido más aventuras que las que cualquier persona hubiera soñado y ha escrito un libro fascinante de historias e ideas. Las historias son de un tono atrevido, descriptivas y llenas de un sentido del humor que le permite burlarse de sí mismo; las ideas provienen de un amplio conocimiento sobre el chamanismo con la ayahuasca. Esta es una autobiografía sobre sus veinte años de experiencia con chamanes, aventureros y truhanes de todo tipo —una entrega honesta y profundamente personal sobre las prácticas y creencias del chamanismo del Amazonas."

STEPHAN V. BEYER, AUTOR DE
SINGING TO THE PLANTS: A GUIDE TO MESTIZO SHAMANISM IN THE UPPER AMAZON [CANTÁNDOLE A LAS PLANTAS: UNA GUÍA AL CHAMANISMO MESTIZO DE LA ALTA AMAZONÍA]

"*La medicina de ayahuasca* es una colección muy amena de increíbles relatos acerca de curaciones milagrosas y de la convivencia con sanadores indígenas, que seguramente resultarán atractivos para cualquier persona que tenga interés en la ayahuasca y otras plantas psicoactivas que se utilizan en América Latina. Los llamados a la precaución se entremezclan con un contagioso entusiasmo por el tema y ofrecen una valiosa contribución a la literatura sobre las aplicaciones prácticas de los efectos de las plantas sicodélicas."

RICK STRASSMAN, M.D., AUTOR DE
DMT: LA MOLÉCULA DEL ESPÍRITU Y COAUTOR DE *INNER PATHS TO OUTER SPACE [SENDEROS INTERIORES AL ESPACIO EXTERIOR]*

LA MEDICINA DE AYAHUASCA

El mundo chamánico de la sanación con plantas sagradas de la Amazonía

ALAN SHOEMAKER

Traducción por Vonni Ghilardi

Inner Traditions en Español
Rochester, Vermont • Toronto, Canadá

Inner Traditions en Español
One Park Street
Rochester, Vermont 05767
www.InnerTraditions.com

SUSTAINABLE FORESTRY INITIATIVE · Certified Sourcing · www.sfiprogram.org · SFI-00854

El papel certificado por la SFI

Inner Traditions en Español es una división de Inner Traditions International

ISBN 978-1-62055-543-9 (pbk.) — ISBN 978-1-62055-544-6 (e-book)

Impreso y encuadernado en Estados Unidos por Lake Book Manufacturing, Inc.
El papel utilizado para imprimir el texto está certificado por la Iniciativa de Silvicultura Sostenible (SFI)®, un programa que promueve la gestión sostenible de los bosques.

10 9 8 7 6 5 4 3 2 1

Diseño y diagramación del texto por Brian Boynton
Este libro ha sido compuesto con la tipografía Garamond Premier Pro, y su presentación, con las tipografías Omni y Gill Sans

A mis hijos, Liam y Claire Shoemaker,

y a los espíritus de las plantas

CONTENIDO

PRÓLOGO

POR PETER GORMAN

Alan Shoemaker llegó por primera vez a Iquitos, Perú, en 1993, y lo hizo con gran bullicio, bajando por el Putumayo con varios amigos en una canoa de quince metros de largo con un motor Yamaha de cuarenta caballos de fuerza. Viajó desde el estado de Washington pasando por el Ecuador, donde estudió con el Dr. Valentin Hampjes, el notable doctor en medicina y curandero chamán que estaba familiarizado tanto con el cactus de San Pedro y la ayahuasca como con los antibióticos.

No esperé pensar por mucho tiempo en Alan Shoemaker la primera vez que él llegó a Iquitos. Yo había estado usando esta ciudad rodeada de agua durante nueve años como punto base para realizar mi trabajo en la selva antes de que él hubiera puesto un pie allí. Ya había conocido dos docenas de Shoemakers que siempre se aparecían en el pueblo pensando que era buen lugar para pasársela bien, y luego, tres meses después, descubría que ellos estaban llamando a sus familiares y amigos para pedirles dinero para regresar a casa. Pero este gringo resultó ser diferente de la mayoría de los otros soñadores, que yo había conocido. Resulta que, como Alan me contó más adelante, mientras pensaba a dónde ir para tomarse un descanso de su maestro Valentin, recogió una copia de la maravillosa revista *Shaman's Drum,* producida por Timothy White que trata sobre todo lo relacionado con el chamanismo. Esta edición en particular incluía un artículo sobre la ayahuasca escrito por mí. Y eso fue lo que llevó a Alan a Iquitos, mi lugar preferido.

Ahora, para bien o para mal, yo había escrito el primer artículo publicado a nivel nacional sobre la ayahuasca, para la revista *High Times*, en el año 1986. Es cierto que Burroughs y Ginsberg ya habían escrito anteriormente sobre el tema en *The Yage Letters [Las cartas del yagé]*, obra que fue publicada en 1963 por la editorial City Lights en San Francisco, pero esa colección de correspondencia y otros escritos en realidad no llegó a captar la atención nacional como lo hizo mi artículo más de veinte años después. Mi escrito sobre la ayahuasca hizo gran ruido en las épocas anteriores a Internet y fue pasando de mano en mano, hasta que probablemente más de un millón de personas llegaron a leerlo. Como resultado, varios miles de personas decidieron investigar sobre esta medicina.

Alan no había leído el artículo todavía pero lo influenció. Y fue así, que se me presentó en mi segunda casa. Pero decir que se me presentó es quedarse corto. Él se apareció, y al mes o a los dos meses, lanzó en Iquitos el primer periódico moderno en idioma inglés. Pocos meses después de eso, estaba preparando grandes tandas de ayahuasca en la calle en frente a su residencia, para deleite de los locales.

Trabajó con varios curanderos, pero parece que se centró en Juan Tangoa, a quien cariñosamente llamábamos "Aeropuerto", porque su casa quedaba en una cuadra de un barrio muy cercano al aeropuerto de Iquitos. Pero Alan no solo trabajó con Don Juan: llegó a ser el primer gringo que llevó a un curandero peruano a una excursión pública por los Estados Unidos y Europa. Y mientras otros tal vez ya lo habían hecho antes, Alan lo hizo con inteligencia, presentando al mundo la idea del turismo de curanderismo.

Así como con esa expedición en particular, todo lo demás que hizo Alan, fue con gran talento. Desde luego, que todo lo que puedas saber sobre Iquitos y la ayahuasca está influenciado por Alan, algunos dicen que para bien, otros que para mal, pero aún así, la influencia de Alan, no se puede negar. A los pocos años de aterrizar en Iquitos, abrió una pequeña tienda de souvenirs no tan lejos de lo que ahora se conoce como "el boulevard". Al poco tiempo, una joven llegó al pueblo buscando beber la ayahuasca. Terminó yendo con Alan para beber la medicina con Francisco Montes, a un lugar que la familia de Don Francisco le había comprado a Alan que quedaba en la ruta, aún sin terminar, a Nauta, ubicado en el kilómetro 18. La joven tuvo tal experiencia transformativa que quiso darle quinientos dólares a Alan por su trabajo, pero Alan no quiso recibirlo, sugiriéndole que más bien le diera el dinero a Don "Poncho" como un fondo inicial para crear el primer jardín botánico en Iquitos, empezando por identificar y marcar todas las plantas medicinales que habían en su propiedad. Ella así lo hizo, y con esos primeros quinientos dólares nació en 1990 el Jardín Botánico Sachamama, el primer centro de la ayahuasca. Casi todos los otros centros que se crearon después le deben un agradecimiento no solo a Sachamama, sino también a Alan.

Para mí, el primer indicio de que algo extraordinario estaba ocurriendo sucedió alrededor de 1995. A finales de los años 80, cada vez que volaba a Iquitos desde Miami en la aerolínea Faucett que ya no existe, había siempre a bordo dos, tres, o cuatro pacientes en silla de ruedas en la fase terminal de SIDA. Cuando llegábamos a Iquitos los sacaban rápidamente del avión y los trasladaban a automóviles que muy pronto desaparecían al caer la noche. Después de quizás la tercera vez que observé esto, mi curiosidad era tan grande, que logré salir del avión con un grupo de ellos, tomé un taxi y los seguí. Iban a parar a la orilla del río y eran trasladados a un bote bastante pequeño, que enseguida partía y desaparecía de la vista.

Algo estaba pasando. Eran pacientes en fase terminal. No iban a regresar a sus casas a menos que ocurriera un milagro. Por eso empecé a indagar en el pueblo sobre ellos. Escuché aquí y allá sobre un extraño doctor barbudo casi ciego que hacía trabajos experimentales con ellos, pero nunca pude identificar de qué se trataba. No podía llegar a saber qué estaba pasando, pero estaba seguro de que algo estaba pasando. Luego, por el año 1995, cuando vine a Iquitos por unos cuantos meses, Alan me contó que él me había creído lo que yo le había contado y que había logrado ubicar al doctor que trabajaba con los pacientes de SIDA. Su nombre era Dr. Roberto Incháustegui, y estaba tratando a esos pacientes moribundos con una mezcla preparada con una planta medicinal de la Alta Amazonía y otras cosas. Y aun cuando la mayoría de esas personas terminaban muriendo, algunas sobrevivían, y otras incluso mejoraban. Fue Alan quien encontró al doctor que yo no pude ubicar.

Al año siguiente más o menos, fue Alan quien me presentó el concepto de la sanación con la ayahuasca de una manera que yo jamás había considerado. Recuerde que ya había unos cuantos libros sobre el tema, pero el Internet todavía no existía, por lo que no había manera de investigar; solo existía el conocimiento por la experiencia de unos pocos que habían tomado la medicina. Alan vino un día y me contó que su madre estaba muriendo y me pidió que bebiera con él en la casa de "Juan Aeropuerto" para ver si alcanzábamos a descubrir lo que podía estar matando a su mamá y qué cosa podría ayudarla a mantenerse viva. Yo acepté de mala gana, porque estaba seguro que no podía ser de ayuda.

Esa noche durante la ceremonia, pude ver de cerca y de manera personal el caso de la mamá de Alan, y vi que la uña de gato podía ayudarla. Escribí una nota cuando vi eso y, a la mañana siguiente, le mostré mi nota a Alan, seguro de que yo estaba loco. Alan también había escrito una nota, que decía "uña de gato", además de "jergón sacha". Él le envió o le llevó las medicinas a su mamá, no me acuerdo cómo fue exactamente, y pocos meses después los doctores le informaron a su madre, quien se suponía que muriera a las pocas semanas, que ellos no habían encontrado ningún tipo de cáncer y que tal vez al principio le habían dado un diagnóstico equivocado. Alan y yo sabíamos más que ellos.

Varios años después, Alan vino conmigo y mi suegra, Lidia, una mujer peruana, cuyas dos generaciones anteriores ya habían dejado atrás la vida de tribu que llevaban en la selva, a ver a Aeropuerto Juan para ayudar a curar a Lidia de cáncer. Eso funcionó. Ella vivió por muchos buenos años más, al igual que la mamá de Alan.

La mayor desventaja de Alan era que a él le encanta ser la rosa más alta del jardín. Y con frecuencia lo es. Fue el primer gringo que estableció en Iquitos una compañía oficial para exportar plantas. Otras grandes compañías lo habían hecho antes, pero nadie lo había hecho a título personal como lo hizo Alan. Para lograrlo, tuvo que aprender cómo se establecía una compañía en Perú, qué documentos y permisos se necesitaban y cómo satisfacer las burocracias tanto de los Estados Unidos como de las Naciones Unidas. Fueron años de arduo trabajo. Eso se logró en parte con la ayuda del "tramitador" de mi familia, Jorge "Flaco" Panduro Perea, el mejor hombre para mover papeles en todo Iquitos. A él nunca se le escapó ni se le escapa ningún truco. Abrió la compañía de Alan y de Mariella, su esposa entonces, como la única compañía que podía trasladar legalmente material de plantas desde el Perú hacia el resto del mundo.

Parece que a veces la vida se interpone en los momentos más complicados. Yo tenía un bar en Iquitos, el Cold Beer Blues Bar, frente a la calle del Puerto Mastranza, en la cuadra más peligrosa del pueblo. Los turistas tenían terror de ir allí. Mis clientes incluían expatriados, personas locales, miembros de las Fuerzas Especiales de los Estados Unidos y todo el personal de la CIA/DEA/NSA que en algún momento se encontrara en Iquitos, y todos los narcotraficantes, negociantes de armas, y cualquier otra persona de interés para la CIA/DEA/NSA. Bien, de casualidad, algunos de esos jovenzuelos de los Estados Unidos se emborrachaban y le contaban sus historias tristes al barman, que con frecuencia era yo. Ahora bien, todos sabían que yo era periodista, y les decía que cualquier cosa que me contaran en el bar probablemente sería publicada si yo consideraba que era una noticia que valía la pena contar; no atacábamos a nadie por sorpresa. Más aún, durante el transcurso del par de años que tuve el bar, a por lo menos dos o tres agentes secretos del *black ops* les tomó por sorpresa que yo publicara historias sobre ellos en el influyente sitio web NarcoNews.com, de Al Giordano.

Y, de casualidad, un par de antiguos miembros del Navy Seal que trabajaban como mercenarios para la CIA estaban una noche en mi bar, en una fiesta que celebrábamos para algunos invitados que yo estaba llevando a la selva. Bueno, una de las invitadas me tomó una foto cuando yo estaba detrás del bar. Uno de los antiguos miembros del Navy Seal pensó que tal vez ella había captado su imagen a través de los espejos detrás del bar, y entonces se le acercó, le arrancó la cámara del cuello y saltó encima hasta que la rompió. Su teniente le llamó la atención por la infracción y el mercenario que estaba borracho se comió un vaso del bar. Así es, sencillamente se comió todo un vaso de casi doscientos mililitros, de lo avergonzado que estaba. Pero antes de hacer eso me contó qué era lo que él y los otros antiguos miembros del Navy Seal venían a hacer en el pueblo: estaban planificando partir hacia el río Putumayo para asesinar a todas las personas que trataran de escapar de la zona debido a una estrategia militar de movimiento en tenaza, planeada por fuerzas estadounidenses y colombianas entrenadas por los estadounidenses a ejecutarse el mes siguiente. Las bonificaciones serían de mil dólares por cada muerte confirmada, fuera de un combatiente o de un civil, hombre, mujer, o niño, dijo.

Unos días después me encontraba en el Jim's Gringo Bar de mi amigo. En una de las mesas estaba el teniente con una muchacha de la localidad. Me senté con ellos, mientras Alan se quedó en el bar. El tipo me dijo que yo estaba en serios problemas por haberme burlado de la operación. Le dije que respetaba a los militares, pero no la idea de tratar de obligar a los civiles a huir de una embestida financiada por los estadounidenses contra los colombianos rebeldes implicados treinta años en una guerra civil, y como resultado él y sus compañeros harían dinero al matar a los civiles que huían. Luego, por alguna razón que en ese momento me pareció que tenía sentido, decidí "soplar" al tipo. *Soplar,* es una forma de bendecir a alguien en la que bebes un líquido mágico, lo mantienes en tu boca y se lo rocías sobre la cabeza y el cuerpo de una persona para limpiar su aura. En ese momento no tenía ningún líquido sagrado a mano, por lo que usé cerveza. El teniente no lo tomó como una bendición, pensó que yo le había escupido y al instante tenía sus dedos alrededor de mi tórax y me dijo que me mataría. Le pedí a Alan que le explicara que yo lo estaba bendiciendo con la intención de que no matara a personas que no fueran combatientes, que no lo estaba escupiendo. Alan, la rosa más alta del jardín, aprovechando el momento, se acercó al tipo y le echó encima una lluvia de excremento, dejando en claro que no solo su puesto estaba arruinado, sino que era muy probable que terminara en la carcel por haber atacado a un periodista como Peter Gorman.

El tipo tomó esto muy en serio. Me soltó, pero le dijo a Alan que las pagaría por el incidente.

Y sí que lo pagó. Pocos meses después, Alan, con toda la documentación necesaria del mundo, hizo un envío enorme de *Banisteriopsis caapi* —la planta de ayahuasca, de tal vez trescientos kilogramos— junto con chacruna (*Psychotria viridis*) y chaliponga (*Diplopterys cabrerana,* conocida también como huambisa por la tribu del mismo nombre), las plantas aditivas que se usan para preparar ayahuasca, tabaco negro (*Nicotiana rustica,* también conocido como mapacho) nativas del Perú, y otras cosas, a la dirección de su anterior esposa en Atlanta, que trabajaba como abogada para la EPA [Environmental Protection Agency, Agencia de protección ambiental de los Estados Unidos], para que se lo entregara a su hijo. Ahora bien, lo que Alan hizo era completamente legal. Y si la aduana estadounidense no hubiera querido recibir el envío, ellos tenían dos opciones: podían decir que el material de la planta no estaba permitido en los Estados Unidos y podían destruirla, o regresarla al remitente a cuenta de este. Por supuesto, si el paquete hubiera sido etiquetado de manera incorrecta, se trataría de contrabando. Pero como todo el bulto estaba etiquetado correctamente tanto en inglés como en español, con nombres locales y en latín, este no era el caso. No obstante, la aduana estadounidense permitió que el envío siguiera su curso..., y luego arrestaron al hijo mayor de Alan por recoger el paquete del jardín a la entrada de la casa de la anterior esposa de Alan.

A pesar de que esta manera de proceder era increíblemente ilegal por parte de la oficina del fiscal de los Estados Unidos, y que luego se supo fue instigada por el antiguo teniente del Navy Seal quien dijo "agarren a Shoemaker y a Gorman" (un hecho que me quedó confirmado por los archivos de la DEA), cuando Alan trató de entrar por Atlanta para estar junto al lecho de su madre justo antes de su muerte, lo detuvieron, lo pusieron en un autobús y lo enviaron a prisión durante treinta días. Su madre murió dos días después de su arresto. Pasado eso, a Alan se le impuso arresto domiciliario y no se le permitió salir de los Estados Unidos, ni siquiera ir más allá de una o dos cuadras de la casa de su difunta madre. Eso duró poco menos de un año, el límite que tenían los fiscales federales de los Estados Unidos para procesarlo por un crimen o dejarlo en libertad. Bien, ellos no tenían ningún crimen por el cual procesarlo; el único crimen que se cometió fue por parte de la aduana estadounidense al permitir la entrada de plantas legales y después arrestar a Alan y a su hijo.

Así después de trescientos sesenta días, tal vez me equivoque por uno o dos días, pero casi justo en el límite, el fiscal de los Estados Unidos le devolvió a Alan su maleta, que contenía su pasaporte. Alan fue arrestado inicialmente el 1º de abril. Justo un año después, recibió una carta donde le decían que ya no tenía ninguna restricción para viajar y por lo tanto podía abandonar el país. Alan vino a mi casa en Texas, donde permaneció por un par de semanas, supervisando un estudio dirigido por un doctor para determinar si las plantas medicinales que él había estado usando en Iquitos con tanto éxito para poner en remisión la glucosa alta en la sangre podrían pasar una rigurosa prueba formal. Durante ese tiempo, llamé al juez, un abogado estadounidense, y a todos los demás y me confirmaron de que Alan era libre de viajar, con la única condición de que estuviera disponible, por si alguna vez decidían procesarlo. En ese momento, Alan, que no había visto a su esposa ni a sus hijos desde hacía un año, compró un boleto para Lima y de ahí a Iquitos. Volví a reconfirmar con el juez y el fiscal. Y por último, sabiendo que los había grabado a todos diciendo que Alan podía salir del país sin problema, llevé a mi amigo al aeropuerto de Dallas, Fort Worth y lo envié de regreso.

Poco menos de una semana después la abogada fiscal de Atlanta culpó a Alan de intento de viajar para evitar ser procesado, una mentira ridícula considerando la grabación donde ella le sugería a Alan que debería visitar a su esposa en el Perú. Desafortunadamente para Alan, si alguna vez regresa a los Estados Unidos tendrá que responder por ese cargo antes de que enfrente cualquier cargo en referencia a la ayahuasca —lo que quiere decir que a menos que tenga ahorrado un cuarto de millón de dólares para pagar los gastos de abogados, está perdido.

Pero nada de eso lo hundió.

Regresó a Iquitos donde supo que su familia la había pasado muy difícil en su ausencia. Superó eso con la idea que se le ocurrió de organizar una conferencia chamanística. Trajo a algunos oradores motivadores y a varios buenos curanderos para ofrecer medicina a los participantes y así empezó lo que ahora se ha convertido en un evento anual. Y de esas conferencias nació el próspero negocio del turismo de ayahuasca en Iquitos y Pucallpa.

Por lo tanto, las huellas digitales de Alan, más que las de cualquier otra persona, han estado en todo lo que está relacionado con la ayahuasca en Iquitos. Incluso las hermosas *mantas*, hechas por los indígenas shipibos que se venden en Iquitos y Pucallpa tienen su influencia: en la primera conferencia chamánica los tejedores incorporaron el logo de la Soga del Alma, el cruce de una liana de ayahuasca estilizada, creada por Alan y que después fue dibujada por Johan Fremin en sus tejidos, y ahora la ayahuasca aparece pintada en casi todas las mantas que venden los shipibos. La tribu bora también está incorporando ahora el logo de Alan.

Alan es muy querido por muchos. Pero también las personas de opiniones diferentes a las suyas lo han llamado de todo. Sin embargo, muy pocas de esas personas se han puesto en sus zapatos ni siquiera por un minuto. Muy pocos de ellos han tenido el coraje que él ha demostrado tener. No siempre soy su mayor fanático. Me hubiera gustado que no hubiera abierto Sachamama y todos los otros retiros de ayahuasca que empezaron a aparecer. Me hubiera gustado que todo eso se hubiera mantenido en secreto y luego darlo a conocer poco a poco durante los siguientes cincuenta años, en vez de simplemente llevarlo a las calles. Pero esto no significa que yo estoy en lo correcto. La historia lo dirá.

Lo que se necesita saber es esto: que él es mi hermano, bueno, malo, o más o menos. Y lucho por su derecho de ser la rosa más alta del jardín.

Disfrute su historia. Disfrute este libro.

PETER GORMAN es periodista investigador, ganador de premios, que ha pasado más de veinticinco años siguiendo historias, desde las calles de Manhattan hasta los barrios pobres de Mumbai, o la selva del Perú. Gorman trabajó para la revista *High Times* durante catorce años como editor principal, director ejecutivo, y director encargado. Sus escritos y editoriales característicos han aparecido en docenas de revistas importantes a nivel nacional e internacional. Ha sido consultor tanto para la serie *Explorador* de National Geographic como para la serie *Mundo Natural* de la BBC, y ha aparecido en varios documentales y cientos de programas radiales. Es autor de *Ayahuasca in My Blood: 25 Years of Medicine Dreaming [La ayahuasca en mi sangre: veinticinco años de soñar con la medicina]*.

INTRODUCCIÓN

La sanación chamánica ha estado presente por miles de años y permanecerá por miles de años más. Durante la era eurocentrista de la razón, el nacimiento del empirismo y del materialismo, fuimos apartados de creer en las cosas que no podemos ver y oír, que no podemos tocar, sentir y pesar con nuestras manos. Esta elaborada realidad llegó a las Américas poco más de quinientos años atrás, y a fuerza de armas, virus desconocidos y de la Inquisición española, arruinó las culturas y humilló a los curanderos, quitándoles sus dioses y forzándolos a someterse. Sin embargo, quedaron unas cuantas almas osadas que siguieron practicando su magia, a escondidas de las amenazas de muerte por parte de los conquistadores.

En la Universidad Nacional del Perú de Iquitos se puede encontrar a un científico que trabaja intensamente en su laboratorio, rodeado de tubos de ensayo, procesando una de las plantas sagradas de poder, la ayahuasca, para pulverizarla. La ayahuasca es un *enteógeno,* lo que significa "generar lo divino que está dentro de cada uno". Esta es una planta medicinal que ha sido usada por miles de años por los chamanes de la Amazonía (ver Apéndice 1). Por años este científico, con muy poca información nueva, ha trabajado en descifrar los secretos de esta medicina antigua. Fue fácil determinar los componentes alcaloides que producen las celebradas visiones y alucinaciones de la ayahuasca, pero, dice él "aún no podemos entender cómo es que un grupo de cinco personas donde todas beben la misma ayahuasca a la vez pueden tener las mismas alucinaciones en el mismo momento". Eso es lo triste de ser un científico.

"Estas cosas no se pueden medir ni pesar", le dije. "Todo lo que hagas intelectualmente para tratar de entender la complejidad de esta medicina no será suficiente. No importa lo que hagas, o cuántas pruebas realices, o el gran número de componentes que encuentres, tu método científico jamás te llevará al fondo de este misterio. ¿Por qué? Porque no se puede medir a Dios, ni se puede pesar lo divino".

"Sí, ya lo sé," respondió. "Pero soy un científico. Eso es lo que debo buscar, lo que debo hacer".

¡Qué tarea más ingrata, buscar la Luz en un tubo de ensayo! ¿Cómo incluir lo divino en una fórmula científica?

En el campo de la física cuántica, la ciencia se ha encontrado con un fenómeno interesante: el resultado de un evento puede ser influenciado por sus espectadores. Recién hoy los científicos pueden entender lo que los chamanes han sabido siempre.

El chamán, el "creador de mitos", que tradicionalmente tiene un pie en este mundo y el otro en el mundo espiritual, no debe ser confundido con el *brujo,* que anda con el maligno. Ambos son poderosos. Pero el chamán va de la mano con lo divino, trabajando como un intermediario entre la realidad de este mundo y el plano espiritual. Él o ella atraen lo Divino a los rituales por medio de la oración y el canto. El mundo del chamán es de visiones y alucinaciones, es un mundo de gracia y locura.

En Tarapoto, unas de las principales ciudades del Perú en la fabricación y distribución de la cocaína, un francés, el Dr. Jacques Mabit, empezó su expedición visionaria saliendo a la búsqueda de sanadores y rituales de ayahuasca, tratando de encontrar un Maestro. Durante su búsqueda, una voz le habló anunciándole su futuro. Después de seis años de investigación en la Alta Amazonía del Perú, la zona de producción de hoja de coca más grande del mundo, y también una de las principales zonas en el consumo de pasta básica de cocaína, Jacques abrió una clínica en Tarapoto, en 1992 para investigar sobre las medicinas tradicionales y curar a los adictos a la cocaína y a otras drogas mediante el chamanismo con ayahuasca. A este centro lo llamó Takiwasi.

Hoy en día es muy necesario mantener fuerte el sistema inmunológico. La medicina alopática ha corroborado que la ayahuasca y otras plantas sagradas de poder pueden lograr justo eso. Según algunos sanadores en México, Ecuador y Perú, con estas plantas sagradas de poder se podría incluso generar una cura para el SIDA.

De las mitologías que hemos heredado desde aquellas de las montañas de los Andes hasta las de la selva del Amazonas, nos encontramos con la misma prognosis: hemos vuelto a donde empezamos. Hoy en día estamos siendo testigos de un regreso a lo mágico y a lo etéreo de nuestros ancestros y al renacimiento del chamanismo. Es en este plano donde finalmente sanaremos todas nuestras heridas, porque es aquí donde el alma, el cuerpo y la mente son una unidad y donde pueden ser curados como un todo, y no por partes.

En los últimos quinientos años nuestro enfoque en la industrialización, la tecnología y el "progreso" nos ha apartado de nuestra fuente de origen. En mi caso, he decidido dar un paso gigante hacia atrás utilizando el conocimiento del presente, a los casi olvidados poderes medicinales y curativos de las plantas, y a los sanadores que trabajan con la naturaleza para limpiar el cuerpo e invocan a los espíritus de las plantas y a los dioses, para ayudarnos a conectarnos con la fuerza universal de vida que está dentro de nosotros y lograr purificar nuestra alma. Cuanto más comprendamos este principio, todos y cada uno de nosotros, alrededor del mundo, y cuanto más pronto aceptemos que cualquier enfermedad del cuerpo, la mente o el espíritu está dentro del espacio que todos compartimos, mayor será la posibilidad de que la raza humana empiece a vivir con salud, paz y armonía.

LA EXPEDICIÓN

Hace veintión años, un gringo mojado por la lluvia buscó refugio bajo el toldo de una tienda en la calle Amazonas, en el centro de Quito. "¿Turista?", le pregunté. Estábamos tan cerca el uno del otro que hubiera resultado incómodo seguir parados allí en silencio. Me estudió por unos segundos antes de decidirse a hablarme.

"No, en los últimos doce años he venido a Quito por un par de meses cada año". Dijo que era maestro de una escuela en Louisiana, pero que tres meses al año los pasaba aquí en el Ecuador buscando oro en los Andes.

"¿Cómo te va con eso?", le pregunté.

"Cada año es mejor. El año pasado estuve muy cerca; casi lo encontré", replicó eufórico.

¡Qué afirmación tan extraña!, pensé. "¿Casi? ¿Cómo sabes que ya casi lo has encontrado?", le pregunté.

"¡Tengo un mapa!", respondió con orgullo.

¡Ojalá yo tuviera un mapa!, pensé.

"¿Qué te trae por aquí?", me preguntó. No sé por qué tenía que darle detalles de mi búsqueda; sin embargo, terminé explicándole a este maestro de Louisiana, cazador de oro, que yo había venido en búsqueda de un chamán. Me sentí un tonto usando la palabra vernácula *chamán*, pero *curandero* que es el término correcto para referirse a un sanador en América del Sur, es demasiado confuso para el turista común. Además, desde hace mucho tiempos los gringos llaman chamanes a los curanderos, por lo que muchos de ellos se refieren a sí mismos como chamanes.

"Vine por tierra hace tres meses, atravesando México y Centroamérica hasta Colombia y finalmente llegué a Quito. Vengo viajando con Roberto, que es de Venecia, California". Volteé hacia mi amigo. "Roberto, él es..., ¿cómo dijiste que te llamabas?"

"No te lo dije, pero soy Joe", respondió el maestro de escuela a la vez que extendía su mano.

Conocí a Roberto en Tucson pocos meses antes del viaje, cuando todavía se llamaba Robert. Se suponía que fuera el fotógrafo de una expedición al Amazonas, que Robert había organizado. De las seis personas que formarían su grupo yo fui el único que aparecí. Mi primer encuentro con Robert se dio cuando él tocó a la puerta de mi habitación en el hotel donde me hospedaba. Abrí la puerta y vi a un hombre con pelo largo, rubio platinado, con el pecho hinchado como el de un gallo erguido y ojos del tamaño de huevos de pollo: "Tú debes ser Robert".

Levantó la mano derecha, como haciendo sonar el silbato de un tren imaginario, y gritó: "¡Fiuuuu!" Luego de presentarnos brevemente, me cambió de nombre: "¡Tío!", me dijo estirando su brazo como para saludarme con un choque de palmas de mano. Roberto y yo decidimos continuar con la expedición a pesar de que el resto del grupo no se apareció. Durante los dos meses siguientes en que viajamos juntos solo escuché mi nombre, Alan, un par de veces como para refrescar mi memoria. Y cuando cruzamos la frontera hacia México, él también se cambió de nombre. Desde ese momento pasó a ser Roberto. "Allí donde fuereis haréis lo que vieres...", dijo encogiendo los hombros.

Joe, el maestro de escuela, metió la mano en su bolsillo trasero y sacó una tarjeta de presentación de su billetera: "No sé quién es este", dijo arrastrando las palabras. "Me la dieron hace varios meses y todavía la tengo. Ni siquiera sé por qué la he guardado. Tal vez se supone que te la de a ti. Bueno, aquí la tienes".

Me gustó saber que él considerara que debía haber alguna razón por la que debía de guardar esa tarjeta, especialmente porque era

1992, un año antes de la publicación de *La profecía celestina,* el libro clásico de la Nueva era que hizo popular el término *sincronías.* La tarjeta estaba impresa a color, con un logotipo recargado en la esquina superior izquierda, que mostraba un pájaro dentro de un corazón y un ojo con una vela encendida en la pupila. Era la tarjeta del Dr. Valentin Hampjes, "Investigador científico de plantas medicinales, Psiquiatra y Neuromedicina".

"Debe ser una manera sutil de decir que es un chamán", dije. Nos reímos un poco de la tarjeta, que coloqué en el bolsillo de mi camisa. En cuanto dejó de llover, Joe y yo nos despedimos.

Ni siquiera había considerado que el curandero al cual yo sería dirigido pudiera tener una tarjeta de presentación. Tal vez este era un "mapa" destinado para mí. Durante esta travesía ya me habían ocurrido sincronías raras, por lo que no podía ignorar esta.

SINCRONÍAS

Durante mis viajes con Roberto empecé a notar a través del curso de mi vida un patrón de sincronías, un concepto que describe coincidencias con significado, que fue descrito por primera vez por Carl Jung. Estas sincronías pueden manifestarse tanto de manera común y corriente como también de modo trascendental.

Dos meses antes, mientras Roberto y yo esperábamos en una larga fila en una estación de autobús repleta de gente en Ciudad de Guatemala, una pareja muy simpática entró justo en el momento que me tocaba el turno para comprar un boleto que me llevaría a continuar mi aventura. Sentí una energía extraña cuando los vi allí, a treinta metros. "Roberto, no sé por qué, pero por alguna razón creo que debo conectarme con esas dos personas". Crucé la sala y me dirigí hacia la banca donde estaban sentados.

La belleza y postura majestuosa de la mujer me dejó sin aliento. En ese momento pensé que tal vez no entendían inglés. Arriesgándome dije: "Discúlpenme, pero por alguna razón debo hablar con ustedes. Tal vez ustedes saben por qué". El hombre tradujo mi inglés a su pareja, y seguimos conversando mientras ella me estudiaba. Ellos eran hermanos, de México, de regreso a casa, me dijo él.

Finalmente, la mujer habló: "¿A qué te dedicas?"

"Voy al Amazonas para estudiar chamanismo".

Riéndose ella replicó, "Yo estudio hechicería en San Luis de Potosí, México. Cuando termines tus estudios en el Amazonas, te invito a visitarnos y a quedarte con nosotros para que aprendas sobre hechicería. Tenemos un rancho grande". Me anotó la dirección. "Y por supuesto, sabes que no se puede tener sexo por cinco años cuando tomas este camino. En mi caso, ya han pasado tres años. ¿Puedes hacer esto?"

Yo estaba impresionado, avergonzado, hechizado y probablemente hasta me estaba sonrojando con esa afirmación. Ella me había leído la mente.

"Ya son dos años en mi caso," le mentí. Solo habían pasado dieciocho meses, pero redondeándolos a dos años, lograría acercarme más a su cama.

En Cali, Colombia, vi a un hombre soltar un cuy en un grupo de apuestas. El cuy corrió hacia un carril y entró a una pequeña puerta recortada en un tazón de comida para perros colocada boca abajo. Había cerca de cincuenta de estos tazones ubicados en forma de herradura al final de una pista de veinte metros para cuyes. El juego consiste en poner tu dinero encima del tazón donde piensas que va a entrar el cuy. Experimenté una sensación rara cuando empecé a jugar. Sentí lo que llamo "ya lo sé" porque se me mostró claramente el tazón que el animal iba a escoger. Tendiendo la mano frente a mí, permití que fuera guiada al tazón correcto y luego puse las monedas encima del tazón. Soltaron el cuy y, con la mayor naturalidad, este entró tranquilo al tazón que yo había elegido.

Roberto me vio gritando, "¡lo hice!, ¡lo hice!", a la vez que recogía el dinero. "¿Qué pasa, tío?"

Le conté cómo es que recibí esta información.

"Es solo una coincidencia, tío".

"No, Roberto. Pasó tal como te lo conté".

Él se rehusaba a aceptarlo; entonces le dije que lo haría de nuevo.

Extendí mi mano como una varita mágica. No pasó nada. Esperé. Nada. Era vergonzoso, y empecé a inquietarme. Allí estaba yo, molesto y frustrado, con la mano estirada frente a mí llena de monedas, esperando alguna guía sobrenatural para poder hacer mi apuesta. Era ridículo. Lo peor de todo era ver allí a Roberto con una sonrisa burlona. La idea de obtener un mensaje de esta manera debía ser absurda. Pero allí estaba yo con mi mano extendida, como algo sacado de la película *El regreso de la momia,* esperando que algo sucediera.

Me di cuenta de que no solo era la primera vez que invocaba a esta energía, sino que ahora incluso le pedía algo. Tranquilicé mi mente y me concentré. Como era de esperar, después de solo dos o tres minutos, volvió. O al menos pienso que fue así. Seguí esa sensación y me ubiqué al lado izquierdo de la línea de cincuenta tazones, dejando que mi mano colocara las monedas encima del tazón al que fui guiado. Soltaron el cuy. Este corrió hacia la línea que estaba al lado opuesto de donde yo había colocado mi dinero; metió su cabeza a la puerta, luego se detuvo, se dio media vuelta y fue directamente hacia al otro lado, derecho a mi tazón.

"¡Lo hice!, ¡lo hice!" grité, y volteé y vi a Roberto tapándose la boca con la mano, pues la tenía abierta. A pesar de lo ocurrido, yo estaba sorprendido y asombrado. Lo que esta experiencia me enseñó fue que las energías, los espíritus, los ángeles, o lo que fuera que me llegaran, podían ser invocados. Jamás había considerado esta posibilidad. Y esto además significaba que esas mismas energías también se comunicaban con los animales.

Echando un vistazo a mi vida, veo ahora que incluso durante mi niñez me habían ocurrido eventos raros similares y que en ese momento no me daba cuenta que tenían un significado. Ahora, con sesenta años de experiencia y siendo abuelo, veo las cosas un poco más claras. Los años me han dado algo más que solo perspectiva; la Luz, que es mejor.

Al recordar mi niñez en las laderas de las montañas, veo a un niño al que se le concedió mucha magia. A los nueve años de edad, paseaba por la calle Central cuando de pronto me cayó una lluvia de sapitos bebés. Volteé a mirar y rápidamente pude notar que esto estaba ocurriendo tan solo alrededor de los quince metros de donde yo me encontraba. Estaba solo.

Pocos años después, estando enferma mi hermana, bajé silenciosamente por la noche, porque algo me decía que fuera hacia donde estaba ella. Cuando me acerqué a su cama, abrió los ojos.

"Alan: ¿qué haces?", me preguntó en voz baja.

"No lo sé, Carla, pero acabo de sentir que si pongo mis manos cerca de ti y las muevo sobre tu cuerpo por unos cuantos minutos, puedo lograr que te sientas mejor. ¿Está bien?"

"Sí, bueno".

"¿Dónde te duele?", me acuerdo que le pregunté.

Mientras ella colocaba las manos sobre su estómago para indicarme dónde le dolía, empecé a mover mis manos ligeramente sobre esa área, pensando que le estaba quitando el dolor. Recuerdo que sentí que yo me veía haciendo esto desde la distancia; veía a un niño pequeño curándola y veía la energía sanadora irradiando de sus manos. Después de tan solo cinco minutos le pregunté: "¿Te sientes mejor?" Y con ese fuerte acento del sudeste de Kentucky que le caracteriza, respondió: "¿Por qué, Alan? Sí, gracias. Ya me siento mejor. Sí. Hiciste que se me fuera el dolor". Por la inocencia de nuestra juventud, ella no se sorprendió, ni yo tampoco.

Un día regresando a casa después de jugar en las montañas, cuando me detuve para esperar que mi hermano me alcanzara, tuve una sensación extraña que me obligó a mirar debajo de mi pie izquierdo. Allí había una roca enterrada en el piso. Tuve que cavar, porque solo se podía ver la superficie de esta. Logré sacarla con mi pie, y la pateé hacia la superficie. La roca era hueca pero estaba llena de minerales y cristales; se trataba de una geoda. Estaba sorprendido por la manera mágica en que me había sido entregada.

DR. VALENTIN HAMPJES

Las imágenes complejas en la tarjeta de presentación del Dr. Valentin Hampjes que me había dado el maestro de Louisiana quedaron fijas en mi mente, por lo que decidí llamarlo por teléfono. Nos invitó a Roberto y a mí a su casa en Tumbaco, una pequeña comunidad a treinta y dos kilómetros a las afueras de Quito. Llegamos a la casa del buen doctor un viernes por la mañana. Era una cabaña enclavada al final de un pasaje de suelo de tierra y empedrado. La casa, de ladrillo encalado, estaba rodeada de docenas de cactus columnares de San Pedro, algunos de ellos de casi dos metros de alto y con muchas ramas. En el centro del patio exterior había un corazón de dos metros de diámetro tallado en el césped, bordeado de flores; y en el medio un cactus enorme. Tocamos la puerta y fuimos recibidos por un hombre barbudo de aproximadamente cincuenta y cinco años de edad, de pelo color de plata, riéndose y de mirada traviesa. Nos invitó a entrar.

Valentin hablaba el español tan bien como el alemán, su lengua materna, y entonaba el inglés algo así como un conde del este de Europa. Sus ojos y boca sonreían constantemente de ese modo freudiano de "lo percibo todo", especialmente cuando soplaba su pipa de tabaco. Esos gestos le venían tal vez por haber recibido un doctorado en Psiquiatría y Neurología en Viena, Austria. En la pared del fondo de su casa había un altar cubierto de flores frescas y secas, con estatuillas, fotos y postales de todos los dioses imaginables. En ese altar tenía incluso un cuadro enmarcado del líder espiritual, Sai Baba. A la derecha del altar, encima de la puerta de su habitación privada para los masajes y la medicina, había un póster de la Virgen María llena de gozo. Al ver todos estos símbolos quedaba claro que Valentin no era el tipo de chamán que dejara algo al azar.

Pasamos la mañana conversando sobre sus impresiones de la sanación mediante el curanderismo. Valentin trabaja principalmente con el San Pedro, el cactus columnar psicotrópico que contiene mescalina y crece en los Andes. Lo considera una medicina superior a la ayahuasca, un coctel que se prepara haciendo hervir la liana y las hojas de una planta que crece en la selva del Amazonas, y que es también bastante psicotrópico. Sin embargo, Valentin vive en los Andes, donde la ayahuasca no se consigue fácilmente. En mis veinte años de aprendizaje sobre las plantas sagradas de poder ha sido interesante notar que todos los curanderos que he conocido han asegurado que la planta a la cual ellos tienen el mayor acceso es siempre la que tiene el mayor poder.

El Dr. Valentin Hampjes era un hombre muy sabio y espiritual, aunque a veces demasiado religioso y hasta de manera exagerada. Reconocía los poderes curativos inherentes tanto a la medicina alopática como al chamanismo, y dependiendo de la situación escogía una forma de medicina sobre la otra para lograr el resultado deseado. Encima de la mesa de centro, frente a él, había una copia de un libro de tapa dura que él había escrito: *Shamanismo —Extasis of Shamanic Consciouness [Chamanismo —El éxtasis de la conciencia chamánica]*. Lo escribió para justificar el permiso que el gobierno del Ecuador le había otorgado para administrar enteógenos, las plantas sagradas que generan efectos psicotrópicos y que ayudan a reconocer "lo divino que está dentro de cada uno" y, lo más importante, para compartir el conocimiento sobre el uso de estas plantas. Una mirada rápida a las páginas del libro demostraba que sus raíces estaban firmemente afianzadas en la Conciencia de Krishna, de la cual era devoto.

Me habló sobre cómo activar al sanador que tenemos dentro de cada uno de nosotros mediante el uso de las plantas sagradas de poder. La sabiduría dentro de estas plantas puede determinar con exactitud la enfermedad que padece una persona, ya sea espiritual, emocional, física, o una combinación de estas. Si la enfermedad es física, la respuesta del cuerpo o del sistema inmunológico es activada. Si la enfermedad es de origen psicológico o espiritual, se le puede mostrar al paciente, a través de visiones y alucinaciones bajo la influencia del San Pedro o de cualquier otra planta sagrada de poder, cuándo y dónde se cometieron los errores. En muchos casos la manifestación de una enfermedad se basa en traumas del alma que no han sido sanados; todo esto puede ocasionar un desbalance psicológico que finalmente se muestra como un síntoma físico. Si dejamos que el espíritu de las plantas nos muestre por qué existen los disturbios o de dónde provienen, podemos empezar a curarnos a nosotros mismos. "Uno puede sentir las medicinas psicotrópicas moviéndose en el cuerpo, y cómo se quedan en las áreas que necesitan atención, activando así el sistema inmunológico para resolver el problema", explicó. "La medicina de Occidente trata los síntomas; es por eso que el sistema inmunológico no es activado, permanece dormido".

Conversando con Valentin aprendí que es importante dejar el ego a un lado para que se pueda producir la sanación. Un método para lograr esto es ingiriendo las plantas sagradas de poder. A veces se nos concede una visión, lo que Valentin considera un regalo de gracia, que no debe ser confundido con las diferentes alucinaciones que te llegan a lo largo de tu travesía. Sin embargo, la mente es capaz de proyectar eventos del pasado de los que te negaste a aprender alguna lección o a los que diste poca importancia. "Esta es una alucinación de gran valor", explicó Valentin. "Puede llegar en forma metafórica, por lo que es muy importante estar atento. Las visiones te dan un conocimiento que viene directamente del mundo espiritual y no ocurren siempre".

Al final de nuestra visita, Valentin nos invitó a regresar al día siguiente al mediodía para su ritual semanal con el San Pedro. Su consejo antes de la ceremonia fue ayunar hasta despertar en la mañana del sábado. Además, nos dio una larga lista de las hierbas que debíamos comprar en el mercado de Quito, incluyendo varias hierbas que dejaría remojando durante toda la noche en un contenedor de cincuenta galones (casi doscientos litros). También nos pidió traer flores frescas recién cortadas para adornar el altar.

Roberto y yo llegamos el sábado por la tarde, en ayunas tal como nos había indicado Valentin. Como resultado de mis conversaciones con varias personas en Quito sobre la próxima ceremonia con el San Pedro, siete curiosos, turistas de diferentes partes del mundo en busca de aventuras, decidieron unirse a nosotros. Cuando llegamos, encontramos velas encendidas en el altar y un fuerte olor a incienso invadía la habitación. Era temprano en la mañana, y Valentin usó ese tiempo para observar las personalidades y determinar la variedad de perfiles que debía considerar esa noche al beber el San Pedro. Preguntó a cada uno sobre nuestro historial con drogas, creencias religiosas, medicinas que estábamos tomando y por cuánto tiempo, qué esperábamos ganar al participar en ese ritual, si existía alguna condición física que debía ser considerada y si alguno había tenido algún historial de enfermedad mental y cuál había sido su diagnóstico. En líneas generales, estaba tratando de encontrar alguna evidencia de posibles comportamientos anormales, ya fuera en el plano emocional, físico o espiritual, que pudieran aflorar mientras estuviéramos bajo la influencia del brebaje preparado con el San Pedro. Valentin mostraba especial interés por aquellos que habían sufrido problemas psiquiátricos por largo tiempo. Una persona que no está equilibrada en el estado de conciencia puede ciertamente tener problemas al ingerir un enteógeno. Cuando me entrevistó, mis respuestas se centraron en las energías y sincronías que yo había recibido. Lo que le pude decir es que parecía que un espíritu me estaba guiando. Me escuchó, sonriendo e hizo "Mmmm" mientras fumaba su pipa. Nos encontramos cómodamente sentados en bancos con cojines que habían sido colocados contra las paredes de la habitación, y Valentin nos orientó sobre el comportamiento apropiado que debíamos mantener durante la ceremonia.

"Cuando empieces a sentir la medicina no trates de enfocar ni mantener tu mente en lo racional. Esto solo lo hace más difícil. Relájate y deja que la medicina se mueva por todo tu cuerpo. El ego no tiene lugar aquí. Cuánto más te aferres a él, tanto más te rechazará la medicina. Apártate de su camino lo más pronto posible. Puede que veas imágenes que se presentan como en una pantalla de televisión. Trata de no pensar en ellas esta noche. Mañana tendrás mucho tiempo para reflexionar sobre ellas. Si ves algo de tu pasado o presente, o incluso de tu futuro, y te hace sentirte feliz o triste, puedes reír o llorar si deseas, pero no te quedes estancado ahí. Deja que pase. Valóralo, pero no trates de quedarte ahí. Además, si empiezas a sentir miedo y necesitas que te tome de la mano y te ayude a pasar eso, lo haré. Y recuerda: 'Sí; aunque pase por el valle de sombra de muerte, no temeré mal alguno, porque tú estás conmigo'. Si logras pasar esta oscuridad solo, hasta que veas el otro lado, de regreso a la Luz, te habrás convertido en una persona más fuerte debido a ello. Pero, si aparecen imágenes a las que sientes que de ninguna manera puedes sobreponerte, simplemente llámame a mí o a cualquiera de mis dos asistentes, Mohita o Muridunga, y vendremos para acabar con ellas.

"Por favor, no conversen en esta habitación", continuó, "porque no solo perturban a los otros, que pudieran estar profundamente sumergidos en su tarea personal, sino que les impide recibir la información que necesitan. La conversación es un acto de la realidad mundana y funciona en otra parte del cerebro que acaba con uno de los propósitos de la medicina, apartándoles de los mensajes que pudieran recibir. Por lo tanto, si sienten que necesitan hablar, que simplemente no pueden permanecer en silencio, por favor salgan afuera".

Alguien preguntó: "¿Debemos pensar en algo en especial, o enfocarnos en algo mientras el San Pedro empieza a surtir efecto?"

"Bueno", respondió Valentin. "A veces es bueno enfocar tus pensamientos en algo que quieres entender, ya que mantener tu mente libre de cualquier pensamiento es una tarea muy difícil de lograr. Por lo tanto, no importa cómo quieras alcanzar el estado extático, recuerda: hay una canción estadounidense que dice algo así: "No siempre puedes obtener lo que quieres, pero si lo intentas, a veces encontrarás que obtienes lo que necesitas". Y con esto soltó esa carcajada tan grande, casi histérica y tirando la cabeza hacia atrás, a la cual después me acostumbré y hasta llegué a gustarme.

Estábamos en silencio y curiosos cuando Valentin apagó las luces y encendió las velas del altar, llenando la habitación con humo de tabaco mapacho. Sus dos asistentes, Mohita y Muridunga, también devotos de Krishna, empezaron a quemar *palo santo,* y hacían que el humo llenara cada hueco y cada grieta de la casa. Estaban purificando el lugar de la ceremonia tal como lo hacen los indígenas con salvia en las ceremonias en Norteamérica. Valentin se cambió de ropa, ahora vestía un atuendo blanco y, arrodillado en el piso frente al altar, comenzó a orar. Sopló humo desde su pipa hacia el suelo, santiguándose antes de cada respiración, y después sopló el humo hacia el norte, sur, este y oeste. Siguió orando por cinco horas, básicamente para probar nuestra perseverancia.

"¿Cuándo nos va a dar de beber el San Pedro?", murmuró uno de los invitados.

"¿Cuánto tiempo más?", dijo otro.

"Pronto", respondí, suponiendo que no pasaría más tiempo.

Luego los asistentes se levantaron y junto con Valentin soplaron el humo del tabaco dentro de la botella del San Pedro, en el vaso donde lo servirían, y en otra botella que contenía un líquido muy oscuro, casi negro.

"El humo del tabaco nos asegura que no ha quedado escondida ninguna energía negativa", explicó. "Y si así fuera, el humo las purifica".

Luego, sirvió jugo de tabaco en un vaso pequeño y caminó hacia mí. "Y de esta manera, nosotros también debemos ser purificados".

Escuché a otra persona decir: "¿Quiere decir que primero vamos a beber jugo de tabaco?"

"Bebe esto, Alan", dijo Valentin, ofreciéndome el vaso.

"¿Jugo de tabaco? Pero, ¿acaso eso no me hará vomitar?" Yo estaba confundido.

"Espero que sí", dijo riéndose. "Esto limpiará tu estómago y actuará como un catalizador para el San Pedro. Por favor, ve afuera, ya sea detrás o delante de la casa. Y trata de no vomitar sobre mis plantas de cactus".

Agarré el vaso y bromeando le pedí con señas que abriera la puerta del frente y me dejara el camino libre. Estaba claro que tan pronto yo tomara eso, lo iba a devolver, y con mucha más fuerza. Me sonrió mientras abría la puerta. Bebí un poco, y el resultado esperado apareció. Cada persona tomaba su veneno de color marrón oscuro y salía corriendo hacia afuera tal como les mandaba sus estómagos, para luego regresar pálidos y fríos y tomar una taza de té de *Ilex guayusa* a temperatura ambiente que los estaba esperando. Media hora después, con nuestros estómagos ya restablecidos, nos dieron a cada uno la misma dosis del San Pedro, aproximadamente ciento cincuenta mililitros. El sabor era también horroroso. Esperamos. Valentin lo estuvo cociendo todo el día sin ningún aditivo; era cactus del San Pedro, totalmente puro y sin ser adulterado. La dosis de este cactus columnar espinoso para cada persona era calculada de acuerdo al tamaño que había entre su codo y sus nudillos, con el puño cerrado, la cual se cocía, condensaba y preparaba para poder tomarla de un solo trago.

El cactus del San Pedro, *Trichocereus pachanoi,* es una de las plantas sagradas de poder, y por lo tanto no solo ayuda a tener una visión sino que es también una medicina poderosa. No es solo una fuente para obtener la mescalina, el alcaloide psicotrópico que se encuentra desde la corteza del cactus hasta tres milímetros hacia adentro. Muchos han llegado a comprender dónde se encuentra ese alcaloide y sacan las porciones que están en el al interior del cactus, dejando solo un porcentaje muy pequeño de la planta para el consumo. Este método le quita la sinergia a la planta, despojándola de su poder de vida y anulando sus atributos medicinales inherentes (ver Apéndice 1 para una explicación más detallada). Reemplaza las visiones con puras alucinaciones. Este esfuerzo ingenuo le quita a la planta una parte de su esencia o alma, y transforma su energía en algo diferente para lo que fue destinada, de la misma manera en que las hojas de coca son utilizadas para preparar la cocaína.

El sabor del San Pedro, que no es mejor que el del jugo de tabaco, no indujo el vómito inmediatamente. Regresamos a nuestros asientos en las bancas colocadas alrededor de la habitación y esperamos a que los efectos empezaran a manifestarse.

EL SAN PEDRO

Mientras el San Pedro penetraba lentamente a nuestros cuerpos, Valentin nos contaba algunas de sus historias personales.

"Hace casi veinte años llegué a la selva de Pucallpa, Perú, desde Viena, donde había sido un cirujano exitoso en un hospital austriaco. Estaba muy frustrado con la medicina alopática, especialmente con su método de tratar los síntomas en lugar de tratar a toda la persona. Yo no era un hombre espiritual. A decir verdad, creía en la lógica inherente a la ciencia. La vida después de la muerte era un concepto para los incultos, pensaba. En ese tiempo, un amigo mío muy querido fue diagnosticado de un cáncer incurable y le dieron tan solo unos pocos meses de vida. Como sus amigos y yo creíamos plenamente en la validez de la medicina moderna, aceptamos ese veredicto y decidimos darle una fiesta de despedida. Después de la fiesta nunca más volvimos a verlo y supusimos que él literalmente se había ido afuera a morir.

"Aproximadamente tres años después, estaba de guardia en el hospital. Miré al final de un largo pasillo, cuando pensé que estaba viendo el fantasma de ese hombre. Clavé los ojos en esta aparición por lo que me pareció varios minutos, con el pensamiento congelado. La aparición comenzó a moverse hacia mí. Yo estaba anonadado. Nunca antes había visto un fantasma ni un espíritu. En realidad, yo no creía en tal trivialidad. Pensé que estaba alucinando, y eso también me asustó. Se me acercaba más y más, hasta que logré verlo claramente. Era el fantasma de mi amigo que había muerto de cáncer tres años atrás. Caminó directamente hacia mí y me habló: 'Hola, Valentin'. Pensé que me iba a desmayar. Aún en ese momento no comprendía lo que estaba pasando. Me acerqué a él para tocarlo, pensando que mi mano iba a atravesarlo; pero no fue así. ¡Estaba vivo! ¡Mi querido amigo al que creía muerto estaba vivo!

"Estaba muy feliz de verlo, como podrán imaginarse. Le pregunté qué había pasado, ya que todos estos años todos pensábamos que había muerto. Me contó sobre un viaje a la selva del Perú para ver a unos curanderos. Ellos lo habían curado con sus plantas y chamanismo. Me habló sobre el mundo espiritual y sobre la magia de las canciones curativas, llamadas icaros. Me explicó que había tomado una planta medicinal psicotrópica llamada ayahuasca. Me habló sobre conceptos que yo nunca hubiera creído, si no venían de un hombre al que le guardaba gran respeto y que sabía debía haber muerto de cáncer.

"Removió todo mi sistema de creencias, toda mi base. Después de eso pasé muchos meses reflexionando sobre mi filosofía de la vida. Y esto, por supuesto, también afectó mi manera de ver la medicina. Lo cambió todo. Ya no me sentía cómodo realizando una cirugía o recetando una medicina por el simple hecho de que podía hacerlo. Empecé a investigar sobre los orígenes de las enfermedades. Este método me trajo consuelo, pero la administración del hospital no lo percibió de la misma manera. Finalmente, llegué a la conclusión de que no podía seguir curando tan solo de una forma alopática. De todos modos, ya estaba frustrado con mi trabajo, así que renuncié al hospital y viajé a México, buscando tontamente a Carlos Castaneda y a su maestro Don Juan".

Valentin se reía de sí mismo efusivamente mientras contaba esto, y luego preguntó si alguno ya había empezado a sentir los efectos del San Pedro. Como nadie respondió, él siguió relatando su historia.

"Luego viajé al Perú, donde empecé mis estudios de chamanismo, o más correctamente, *curanderismo*. Por favor, no se olviden que esto sucedió hace más de veinte años, cuando viajar al Perú no era tarea fácil. Fui aprendiz de diferentes curanderos de la selva, entre ellos, un hombre muy poderoso y espiritual, Don José Fátima, de Pucallpa, Perú, un verdadero sanador y ayahuasquero".

En ese momento Valentin sintió que los efectos de la medicina empezaban a manifestarse en nosotros y se fue al altar.

"Así como un bebé recién nacido entra por primera vez al mundo de la Luz, aspirando el aire por primera vez, no debemos apartar esa Luz apagándola con nuestra respiración". Luego, moviendo rápidamente la muñeca de su mano, apagó las velas y dijo: "Es interesante notar que es en esta oscuridad, bajo la influencia del San Pedro, que empezamos a *ver*. La Luz que refleja la superficie de esta realidad, es lo que nos mantiene aquí".

Había pasado ya casi una hora desde que tomamos la medicina. Sentí un calor que se extendía por todo mi cuerpo y las palmas de la mano empezaron a sudarme. Muridunga comenzó a cantar y Valentin se le unió enseguida. Empezamos a memorizar las frases de la canción, así que todos participamos. Se escuchaban toques de tambor con dedos y manos en toda la habitación. El efecto de las voces, con el ritmo que subía cada vez más, y la intensidad de la percusión, hicieron que cada canción se transformara en una expresión emocional y catártica. Seguimos cantando por algunas horas.

Eran ya las tres de la mañana y la habitación estaba tan oscura que ni siquiera alcanzaba a ver mi mano frente a mi rostro. Pensé que mi energía estaba siendo alimentada por la pasión de la música y sus participantes, pero tal vez también era el efecto de la medicina; sin embargo, no estaba seguro. Como ya había experimentado con hongos psicotrópicos y LSD, siempre medí sus poderes por las visiones que se me aparecían. Pero en este caso, estaba sintiendo la medicina en mi cuerpo sin la ayuda de ninguna fuente de luz, por lo tanto no había forma de medir su poder.

Decidí ir afuera. Estando allí de pie en el patio exterior de Valentin, tuve que acercarme a un hombre para poder pasarlo. Cuando hice esto, no solo sentí sino que podía ver a mi aura pasando a través de la suya, y luego regresó a mí cuando yo pasaba a su otro lado, y nuestras auras llegaron a compartir el mismo espacio por uno o dos segundos. En ese momento sentí como que era bañado por un arco iris. Él me volvió a mirar con una de esas expresiones del tipo "¡Oh, Dios mío!", y antes de terminar de decirle: "¿Sentiste eso?" ya me estaba respondiendo: "¡Uy!" Fue entonces que supe que la medicina me estaba haciendo efecto.

Valentin se nos unió afuera y pidió hablar conmigo: "Alan, me gustaría que me pudieras ayudar, por favor".

Sin saber qué quería de mí, de inmediato le dije que estaría muy contento de hacerlo.

"Gracias, Alan. Quiero construir un centro para los niños de la calle, los huérfanos de las montañas de Vilcabamba".

"Claro que sí, pero no sé cómo puedo ayudarte, Valentin. Ni siquiera comprendo exactamente por qué estoy aquí". Para nada esperaba que me pidiera algo tan grande como eso. Pensé que solo me pediría que lo ayudara a plantar un jardín de hierbas o algo así.

"Discúlpame que te pregunte, pero ¿por qué quieres construir ese orfanatorio?". Podía decir por su expresión que él me veía como un pez en el anzuelo, y desde luego tenía otra buena historia que contarme.

Y así empezó: "Hace algunos años, un grupo de doctores en Medicina y yo escuchamos que la Santa Madre, la Virgen María, se le había aparecido a los campesinos de las montañas cerca de Caracas. Decidimos viajar hasta allá juntos con la esperanza de que también pudiéramos ser testigo de eso. Cuando llegamos, todo el valle estaba cubierto de carpas. Había venido mucha gente. Pudimos conversar con algunas de esas personas que habían visto a la Santa Madre, y pensamos que otra aparición sería inusual. Sin embargo, también colocamos nuestras carpas con la esperanza de otra posible aparición. Permanecimos allí por unos días mientras que muchos ya empezaban a recoger sus cosas para retirarse, cuando una tarde, en que estábamos conversando, ella llegó. Estábamos parados allí, nosotros los doctores, cuando fuimos testigos de su aparición. Como podrás imaginar, todos lloramos. Fue un momento muy emotivo. Esa noche allí en el campo hicimos un pacto entre nosotros: que el resto del tiempo que estemos aquí en la Tierra debemos dedicarlo a salvar a los niños. Aunque soy un doctor y también un curandero, estas cosas son ahora secundarias. Es por eso que quiero construir el orfanatorio en Vilcabamba".

"Esa es una razón maravillosa. Me encantaría ayudarte, ¿pero cómo?"

"Gracias, Alan. Estoy seguro de que la Divina Providencia te ha traído hacia mí. Por ahora, no pienses en cómo puedes ayudarme; eso lo sabrás. Y Alan, estás en lo cierto. Tú tienes un espíritu guardián contigo. Pero, no es solo uno, son tres. Los he visto esta noche".

Le sonreí radiante. "Me han ocurrido tantas cosas milagrosas, cosas raras, inexplicables, tanto antes de emprender este viaje como a lo largo de él. Es como si me estuvieran guiando. Solo quiero asegurarme de no ser un obstáculo para que puedan seguir ocurriendo".

"Ya lo veo. Tienes que contarme más sobre tu viaje en otro momento", me dijo.

"Valentin, construir un orfanatorio tomará un tiempo. Hay que recaudar dinero, y después viene la construcción".

"No; debemos hacerlo ahora mismo. No tenemos mucho tiempo".

"¿Qué quieres decir con 'No tenemos mucho tiempo'? No entiendo".

"Ay, Alan, de seguro que lo sabes, ¿verdad?"

Por más que quería decirle que sí, me sentí un poco avergonzado, ya que no tenía la menor idea de lo que me estaba hablando.

"Creo que no, Valentin. ¿A qué te refieres?"

Comenzó un largo y apasionado discurso sobre las profecías de Nostradamus y otros profetas de la fatalidad. Al principio, le escuché atentamente, pero así como me sentía seguro del San Pedro, también sabía que no podía estar de acuerdo ni podía aceptar esa visión sobre nuestro futuro. Finalmente lo interrumpí y le pregunté: "Valentin, ¿cuándo exactamente piensas que va a suceder eso?"

"Estoy seguro que ocurrirá alrededor del año 2000".

Esto me molestó, no porque su predicción me inquietara, porque después de todo yo no creía en eso, sino porque lo dijo.

"Yo no creo en eso", le repliqué. "Pienso que el mundo está cada vez más consciente. Prefiero creer que seguiremos vivos, y que el planeta ha dado muchas vueltas en esa dirección. Además, tú eres un hombre muy poderoso, Valentin, para que tengas ese tipo de pensamientos y para que además los verbalices, lo que es peor, porque es darles poder para que se manifiesten. Por ejemplo, yo me rehuso a pronunciar el nombre de... el diablo, y titubeo cuando te lo digo ahora, solo para recalcar mi punto, porque pienso que hacer eso es alimentar esa energía; le da vida. Y tú..., tú eres un sanador. Es mucho más importante que no lo pronuncies porque tienes más poder personal. ¿Entiendes lo que te estoy diciendo?"

Valentin se puso la pipa en la boca y aspirando me sonrió e hizo "Mmmm..., volvamos adentro al ritual, ¿bueno? Más tarde seguiremos conversando, Alan".

Durante el ritual con el San Pedro, Valentin iba llamando uno a uno a sus clientes a la ceremonia para que se sentaran sobre el tronco de un árbol ubicado frente a su altar para la sanación. Sacaba un manojo de hojas de palma llamada *shacapa* (o *suriponga*) del lado del altar y empezaba a soplarles con el humo del tabaco mapacho para protegerlos de cualquier energía negativa. Luego los rociaba con *agua florida*, que Valentin había llevado a su boca primero, para luego esparcirla sobre las hojas, sobre sí mismo y sobre el cliente. Valentin empezaba a cantar un icaro mientras le pasaba la shacapa al cliente, de la cabeza a la cintura. Su asistente Mohita tocaba pequeñas campanas cerca y lejos de los oídos del cliente para realinear cualquier vía audioneural que se hubiera desalineado. Una vez que terminaba, Valentin agitaba el manojo de hojas atadas de shacapa hacia el altar para sacar de ahí cualquier energía que hubiera atraído durante la limpieza.

Luego de haber observado esta parte tan importante de un ritual de sanación en varias ceremonias posteriores, la empezamos a llamar *purificación del alma*. En los últimos veintiún años, conforme he conocido más de todo esto, he empezado a observar un fenómeno interesante: cuando coloco la shacapa sobre la coronilla de la cabeza de mi cliente para iniciar la limpieza, veo a veces áreas oscuras, o lo que los curanderos llaman *manchas,* adheridas al alma-cuerpo. Pareciera que estuvieran colgando del aura. Me enfoco en hacerlas desaparecer. También hay parásitos astrales o espirituales que se manifiestan como insectos, a los que los curanderos mestizos llaman *bichos,* pero en mis veintiún años de aprendizaje aún no he visto ninguno de estos. Sin embargo, no dudo que existan, ya que asombrosamente muchas otras cosas supersticiosas, místicas y sobrenaturales han resultado ser verdaderas.

El aprendizaje ha sido un constante descifrar y depurar mitos y reconocer lo milagroso. Me cuesta aceptar las cosas solo porque me dicen que son verdaderas. Generalmente, creo que si un misterio divino no es concedido directamente por el mundo espiritual, me mantengo escéptico. Es por eso que mi crecimiento como curandero ha sido lento, pero estable y seguro. Sin embargo, siempre viene a mi memoria un poema de Emily Dickinson:

> *Nunca he visto un páramo,*
> *Nunca he visto el mar,*
> *Pero, sé cómo es un brezo,*
> *¡Y cómo ha de ser una ola!*

> *Nunca he hablado con Dios,*
> *Ni he estado en el Cielo,*
> *Pero, estoy segura de hallar el lugar*
> *Como si tuviera un mapa.*

La primera noche de la ceremonia con el San Pedro fue impresionante. Con las oraciones y los cantos, junto a los efectos mágicos de la medicina, me sentí espiritualmente muy conectado, más que antes en mi vida.

La mañana después del ritual, cuando el sol empezaba a salir, mientras estábamos todavía bajo la influencia hipnótica del San Pedro, un grupo de nosotros salimos afuera para echar una mirada a la realidad ante la luz. La oscuridad de la noche anterior dio lugar a un gran gozo entre nosotros. Suspiramos ante la belleza de los brillantes colores de la mañana. Todo estaba rociado con una neblina de agua condensada. Justo en ese momento, un caballo blanco asomó su cabeza desde la esquina más lejana de la casa de Valentin.

"¡Mira! ¡Un caballo blanco!" dijo alguien con gran asombro. El momento en que ocurría eso, aunado al color tan blanco del caballo y los colores que lucían más brillantes por el efecto del San Pedro, crearon tal magia espiritual que nos sentimos sumamente contentos.

"¡Mira! ¡Está entrando al patio!" El caballo entró lentamente al patio y continuó atravesándolo. Se estaba acercando al corazón tallado en el césped en el patio de Valentin.

"¡Está entrando al corazón!" Era mucha belleza junta. El caballo blanco fue hacia el mismo centro del corazón y se mantuvo allí parado, mirándonos. Quedamos sin habla; sin duda el San Pedro nos estaba mostrando un mensaje místico, un increíble resumen de los sucesos ocurridos aquella noche. Lentamente, el caballo dio vuelta. Ahora teníamos su cola frente a nosotros. Estábamos tratando de entender cuál era el significado de todo esto cuando, en ese momento y allí, mientras estábamos totalmente maravillados de toda esa majestuosidad, en búsqueda del "mensaje," el animal defecó. La luz del día juntamente con la realidad nos estaba dando una bofetada en la cara. No recuerdo cuándo me he reído tan fuerte y nunca me había sentido tan sano como aquella vez.

Regresamos al interior de la casa y Valentin nos informó que ya era hora de continuar con nuestra purificación en el patio de atrás de su casa. Nos llevó afuera, donde Mohita nos esperaba con más jugo de tabaco. El asistente llenaba una jeringa sin aguja con seis centímetros cúbicos de aquel líquido marrón turbio y de mal gusto, y la colocaba en nuestras fosas nasales, inyectando primero un lado, luego el otro, mientras conteníamos la respiración. Valentin iba explicando el proceso mientras lo realizaba:

"El jugo de tabaco llegará hasta las cavidades sinusales con un leve pinchazo y una sensación fugaz de ahogo. Eso limpiará la mucosidad que hay en las cavidades nasales, pasará por la garganta y llegará hasta el estómago. Luego deben mojar sus fosas nasales con agua fresca y enseguida tomar casi medio litro de té de guayusa tibio. El té se mezcla con el tabaco y la flema en el estómago, produciendo una reacción purgativa. Muchas de las enfermedades que padecemos son causadas por un exceso de flema. La flema pasa por todo el cuerpo y al final se estanca y atrae toxinas. Es por eso que mediante el curanderismo se intenta eliminar la mayor cantidad de flema posible. Lo mejor es repetir este proceso con tabaco tres o cuatro veces. Una vez terminado, escucharán su voz como si fuera la primera vez, bastante clara, como una campanilla".

El tratamiento con jugo de tabaco no es para todos, ya que puede resultar muy tóxico para algunas personas. A una parte de los habitantes del primer mundo les han lavado el cerebro con toda la propaganda que existe acerca del tabaco. Hay que entender que esta planta, en su forma pura, libre de aditivos químicos y cuando es cultivada sin pesticidas, ha sido usada de manera sagrada y medicinal por todas las culturas indígenas del mundo que la han conocido. No es el tabaco el que causa las adicciones y el cáncer; son los cuatrocientos o más aditivos que los fabricantes le agregan, algunos de los cuales incluso han sido prohibidos para cualquier otro uso.

Unos suaves azotes con ortiga le siguieron a la purga de flema. Nos quitamos la ropa y con mangueras nos echamos agua fría por todo el cuerpo. Mohita roció nuestros cuerpos con un antiséptico llamado *seguro,* una mezcla de albahaca, alcanfor, ruda y ajenjo sobre una base de aguardiente, la bebida alcohólica que resulta de la destilación de la caña de azúcar; luego nos dio latigazos por todo el cuerpo con hojas de ortiga, una planta con pelos urticantes. Aunque eliminamos muchas impurezas por los poros, acumulamos otras toxinas entre las dos capas superiores de nuestra piel, por lo que Valentin nos aconsejó soportar los golpes con ortiga. La piel es perforada miles de veces por los pequeños pelos urticantes de la planta, permitiendo así la salida de las toxinas. Repito, esta limpieza no es fácil. Sientes que tu cuerpo está en llamas, y te empiezan a aparecer pequeñas ronchas rojas, que permanecen allí por una hora, y luego desaparecen lentamente. A eso le sigue un baño con agua tibia y hierbas que se han dejado remojando toda la noche.

"Esta es la última limpieza", dijo Valentin. "Han sido completamente limpiados, por dentro y por fuera, por lo que es importante que no usen jabones sintéticos, champú, ni pasta dental durante las próximas veinticuatro horas".

Fue así que comenzaron mis enseñanzas sobre el San Pedro con el Dr. Valentin Hampjes. Desde ahí, empecé a ir todos los sábados en autobús a su casa en Tumbaco. Continué con esas ceremonias una vez por semana durante los cuatro meses siguientes.

ROMPER BARRERAS

Después de los tres primeros rituales, decidí que el San Pedro era demasiado leve para mí; una dosis no me daba nada más que energía y colores. Por eso, siempre pedía que me dieran una segunda dosis. Esto frustraba a Valentin.

"¿Pero por qué quieres una dosis tan grande, Alan?"

"No estoy aquí para una dosis homeopática, Valentin. Físicamente estoy sano".

"¿Qué estás tratando de hacer, romper algún tipo de barrera?"

"Exactamente" le respondí. "Quiero *ver*".

Mohita, el asistente de Valentin me contó en varias oportunidades que el espíritu del San Pedro lo había visitado; era un hombre pequeño con marcas de viruela, al parecer muy similar al espíritu del peyote. Yo quería verlo y también quería ver cosas de otras dimensiones. Pensé que por haber sido programado en un país del primer mundo, necesitaría una buena dosis de la medicina para poder lograrlo. De ahí en adelante, Valentin, de mala gana, me daba una dosis doble.

Cuando experimentamos algo que no se puede explicar en nuestra realidad normal, usualmente lo dejamos pasar, debido a que nuestros ojos están preparados para otra versión de la realidad: el estado de vigilia, la existencia programada para el día a día, la realidad que ha sido elegida para nosotros y que se nos ha martillado en la cabeza. A los cinco o seis años de edad, ocurre algo trágico pero evidentemente muy importante: la programación psicológica empieza a establecerse. No sé si esto es el resultado directo de haber adquirido un lenguaje básico o si es solo el aprendizaje de reglas sociales, o ambas cosas, realmente no lo sé. Sin duda, cada una de estas cosas tiene sus consecuencias. Esto se puede ver en los ojos de un niño y en su manera de ser y de comportarse. Este adiestramiento "atrapa" tan bien, que el niño incluso empieza a sentirse orgulloso de eso. Y por la naturaleza competitiva propia del niño, este juego no termina allí, continúa en la adultez y va más allá, hasta la vejez, a menos que algo suceda para crear un cambio de conciencia. Es así que la socialización siempre está cubriendo nuestra intuición natural, y ya no podemos tener visiones.

Nuestro pago para entrar a la sociedad es la pérdida de nuestro sexto sentido, que incluye intuición y telepatía. Se nos enseña a llegar a nuestras conclusiones usando nuestros cinco sentidos, porque el sexto no es tangible ni lógico, y por consecuencia, carecemos de un método para percibir su existencia. Efectivamente, hay chamanes que dicen que tenemos muchos más sentidos, sentidos que no hemos descubierto aún, y mucho menos hemos aprendido a usarlos.

Vivimos en un mundo empírico, basado en la experiencia y en la observación de los hechos, que poco a poco y metódicamente nos ha quitado la capacidad de creer en milagros y nos ha hecho incrédulos. No es que la magia se ha perdido, es solo que hemos olvidado cómo y dónde buscarla y cómo y dónde escucharla. Tontamente, hemos permitido que la información reemplace a la intuición. Tontamente también, hemos eliminado los rituales de nuestras vidas. En nuestra búsqueda de una comunicación concisa y lógica, casi hemos renunciado a cualquier habilidad telepáticas o extrasensorial que los seres humanos alguna vez tuvimos. Hemos olvidado que debemos seguir permitiéndonos ser místicos, estar abiertos a cualquier conocimiento que comúnmente se desconoce.

Por ejemplo, casi treinta años atrás, realizando una investigación en la biblioteca de un pequeño pueblo minero donde trabajé, me ocurrió una experiencia sobrenatural que no pudo ser explicada. Me encontraba en la esquina de la parte de atrás de la biblioteca trabajando en silencio, intentando buscar una obra apropiada para esa comunidad ubicada en el cinturón bíblico, que es la parte más religiosa de los Estados Unidos. Estaba solo, además de la bibliotecaria, que estaba sentada en su escritorio cerca de la puerta principal.

Para contar esta historia debo retroceder un poco: mi tío, Albert Thomas Shoemaker, fue mi figura paterna, ya que mi mamá se divorció cuando yo tenía tres años de edad. Hacía tres meses había recibido una beca de la Fundación Nacional de las Artes, lo que me había traído como artista residente a este pequeño pueblo ubicado en el cinturón bíblico; poco después, mi querido tío, que había trabajado como caricaturista con Al Capp y Stan Drake, dibujando las tiras cómicas L'il Abner y Juliet Jones, murió en Boston en un accidente automovilístico.

Entonces estaba allí, sentado en silencio, solo en la biblioteca de esa región, cuando me vino una sensación de que debía levantarme y empezar a caminar y pasar por varios estantes de libros. Es difícil describir la sensación, ya que se me hablaba sin palabras, pero se me daba un "conocimiento" o clarividencia. Seguí lo que me decía esta voz interior, por lo que pasé por varios estantes; volteé a la izquierda cuando se me dijo que lo hiciera, caminé entre los estantes hasta que la voz me dijo: "Detente, estira tu brazo y agarra un libro". Sin mirar, hice eso, y saqué un libro con mi mano izquierda. Al abrirlo en la primera página, leí: "Dedicado a Albert Thomas Shoemaker". Nunca había escuchado sobre la existencia de este libro. Indagando después entre su familia inmediata, me contaron que muchos años atrás mi tío le había dado al autor una habitación en su casa en España donde este pudiera escribir.

Seguí bebiendo el San Pedro con el buen doctor por varias semanas y pasaba mi tiempo libre en Quito, Ecuador. Durante una semana vi a un joven muy extraño jugando billar con dos de sus amigos en una taberna local. Yo tomaba una cerveza y lo observaba. Había algo raro en él, no sabía con seguridad qué era, pero algo... andaba mal. Él no conocía bien el juego y tal vez su incomodidad era lo que yo estaba captando. Tendría unos veinte años de edad y, por su postura y sus modales, se notaba que era bastante inteligente. Sin embargo, la forma en que se movía alrededor de la mesa, dejaba en claro que algo en él no estaba bien. Al principio pensé que se trataba del juego de billar, pero después de observarlo por media hora me di cuenta de que se trataba de algo más. ¿Pero qué era?

Me retiré de la taberna pensando en ese joven y dos días después lo volví a ver; esta vez en una cafetería en la vereda. Tuve la oportunidad de sentarme a su mesa y resultó que conocíamos a algunas personas comunes. Se llamaba Alexander, pero prefería que lo llamaran Sasha. Era de Noruega. El inglés era uno de los varios idiomas que hablaba. Estaba aquí becado para perfeccionar su español, lo cual había logrado rápidamente. Durante nuestra conversación me hizo saber que había sobrevivido a una malaria cerebral, a veces es una enfermedad mortal, porque en el hospital en Quito la habían detectado en su fase inicial. El problema que tenía ahora era su memoria a corto plazo. Los doctores y especialistas del hospital no sabían qué hacer para recuperarla por completo. Las conexiones eléctricas, las sinapsis, habían sufrido un corto circuito. Él podía estar en el medio de una conversación y de pronto se olvidaba con quién estaba hablando, el tema que estaban tratando e incluso dónde se encontraba. Para este joven brillante, esto significaba que su peor pesadilla se convertía en una realidad: el cerebro que él había entrenado para entender quince idiomas diferentes y para hablar fluidamente siete de ellos había dejado de funcionar correctamente. Podía aún sobreponerse a esta broma de mal gusto que le jugaba el cosmos, pero, no obstante, se encontraba en un inmenso torbellino interior debido a ello.

Le consulté a Valentin, que después de todo era un neurocirujano, sobre este joven. El buen doctor coincidió en que sus sinapsis eléctricas habían sido sobrecargadas y que tomando el San Pedro podría lograr reconectarlas. Sasha aceptó participar en una ceremonia. La indicación que le dio Valentin fue que tomara unas vacaciones y se abstuviera de cualquier trabajo intelectual durante la semana previa al ritual.

Participé en la ceremonia con Sasha. Tres horas después de tomar la medicina, Valentin lo llamó a sentarse frente al altar para una purificación. Se entonaron icaros, se usó la shacapa para purificar el alma, mientras Mohita tocaba sin parar pequeñas campanas a diferentes distancias de sus orejas. Cuando terminaron con él, Sasha se me acercó y se sentó a mi lado.

"Alan, gracias por traerme aquí. He recuperado mi memoria de corto plazo".

"¿Así como así?", le pregunté.

"Sí. Valentín dijo que podría recuperarla con la medicina, y así ha sido".

Sasha raramente se sorprendía. Valentin hizo exactamente lo que dijo que haría, y Sasha lo anticipó toda y lo aceptó enseguida, y fue así que ocurrió, sin más ni más.

Una tarde en casa de Sasha le conté una historia de mi niñez. Yo tenía diez años y pasaba la noche con mi amigo Charlie. Él estaba en la parte de arriba de la litera y yo en la de abajo. Decidimos entretenernos con un juego de cartas, donde él debía elegir una carta de la baraja, concentrarse en ella y yo tendría que adivinar cuál era la carta que él había elegido. Escogí la carta correcta tres veces seguidas, después de lo cual Charlie decidió que el juego era bastante aburrido, por lo que nos fuimos a dormir. Luego en otra oportunidad, un año antes de dejar Seattle para emprender este viaje chamánico, le conté esta historia a mi amiga Elizabeth y ella sugirió que lo intentáramos. Esta vez ella estaba sentada directamente frente a mí con una baraja de cartas. Escogió una carta y no pensó en nada más. Una vez más elegí la carta correcta y lo hice tres veces seguidas.

"¿Crees que lo puedes volver a hacer ahora?" Sasha me preguntó.

"No lo sé..., pero creo que sí".

"Está bien, tengo una baraja de cartas arriba en la oficina. Regreso enseguida".

Mientras él subió a recoger la baraja, fui al fondo del pasillo donde estaba el baño. Al pasar por la puerta, las imágenes de dos cartas vinieron a mi mente.

"Sasha", grité. "Sasha: ¿ya escogiste una carta?"

"Sí, ya lo hice".

Al regresar a la sala le dije: "Mira, hace tiempo que no hago esto y no sé, es raro: mientras caminaba hacia el baño empecé a recibir una imagen, pero no era la de una carta, sino de dos. Y tú has elegido una carta, ¿verdad?"

"Sí, así es".

"Bueno, veo llegar dos cartas, no sé por qué, pero...; aparece el nueve de tréboles y un joker rojo".

Sasha ni siquiera estaba sorprendido, solamente dijo, "la primera vez que agarré la baraja solo vi la carta de abajo, el nueve de tréboles. Y aquí está el joker de diamantes. Y sacó la carta que tenía en la frente debajo de sus anteojos. "Estas son las dos únicas cartas que he visto". Yo estaba impresionado, sorprendido y asombrado. Él estaba como si nada. Cuando le sugerí en forma de broma hacernos pareja en el juego de canasta, solo dijo: "Alan, eso sería hacer trampa".

A los cuatro meses de tomar la medicina del San Pedro con Valentin mi cuerpo físico estaba más limpio de lo que había estado desde que yo tenía veinte años de edad. Con toda la purga, también me sentía emocionalmente limpio, ya que había aprendido no solo a eliminar las toxinas de mi estómago, sino que al mismo tiempo también me había podido limpiar en el plano psicológico. Como resultado, estaba resplandeciente. Pero pronto me llegó el momento de continuar con mi travesía.

Cada vez que veía un mapa de América del Sur, la ciudad de Iquitos me venía a la mente. Sentía un llamado a dejar la seguridad de mi grupo del San Pedro y explorar el curso superior del Amazonas para buscar un Maestro que pudiera enseñarme los misterios de su medicina principal, la ayahuasca. Valentin trató de convencerme para que no me fuera. Estaba seguro de que yo iba a caer en las manos de brujos inmorales que me harían tomar otros psicotrópicos peligrosos mezclados con la ayahuasca con el fin de controlarme. Pero yo ya lo había decidido. El Amazonas me llamaba.

EN BUSCA DE UN MAESTRO

Iba caminando por una calle extraña con una persona que no conocía. Justo frente a nosotros, apareció un hombre que saltó de la parte de atrás de una escultura con forma de lápida, gritando en español algo sobre una mujer, sacó una pistola y disparó. El extraño y yo corrimos en direcciones opuestas buscando resguardo. La bala fue a parar directamente a mi sien derecha, rozándome la cabeza. Recuerdo que pensé: *Debo estar muerto ahora, porque si muero en un sueño debo morir también en el estado de vigilia.* Mi cuerpo estaba flotando en un vacío negro, dando vueltas y vueltas, hasta que finalmente desperté y me encontré empapado en sudor, tirado en mi catre en el hostal de dos dólares la noche en Barranquilla, Colombia.

Por un par de años interpreté este sueño como que algún día yo me vería morir de esta manera. Después comprendí que este era un sueño muy importante, que esta "muerte" era un inicio esencial en mi aprendizaje sobre el chamanismo. O por lo menos yo prefería tomarlo de esa manera. Sin embargo, incluso ahora al escribir esto, no estoy cien por ciento seguro de que mi futuro aún no haya sido predicho.

Muy dentro del Amazonas en Colombia, en las turbias riveras de color óxido del río Putumayo, vive un viejo curandero siona que desde hace sesenta años viene cuidando de su pequeño caserío y sus diferentes enfermedades, realizando rituales de ayahuasca por lo menos una vez por semana. Fue aquí donde empecé mis estudios y donde comprendí que había sido llamado a tomar la senda de un sanador ayahuasquero. Más adelante, fui aprendiz del ayahuasquero Don Juan Tangoa, a las afueras de Iquitos, Perú. Pero las señales que me guiaban, reafirmaban y mantenían en mi camino, no me permitían dudar sobre la autenticidad de este llamado; yo mismo encontraría a mi Maestro y sería mi propio aprendiz.

La ayahuasca y las otras plantas sagradas de poder elevan nuestra conciencia, y nos abren las puertas para entrar al plano espiritual de la existencia. Nos guían hacia nuestro centro, donde dentro de cada uno de nosotros duerme un doctor interior, el sanador de cada quien, que una vez activado hace posible que nos curemos a nosotros mismos. Estas medicinas sagradas invocan una respuesta de sanación determinada, eliminando los males físicos y aliviando los traumas psicológicos del pasado, tales como hábitos arraigados y patrones de respuesta que han dejado de ser útiles, para permitirnos avanzar y continuar con nuestro crecimiento personal. Esta medicina se bebe en ceremonias bajo la guía de un curandero experto que controla a los diferentes espíritus que han sido invocados mediante la entonación de icaros, las melodías mágicas del curandero, que le fueron literalmente enseñadas por los espíritus de las plantas.

El viejo curandero siona del caserío a orillas del río Putumayo me sirvió mi primera taza de ayahuasca. Nos sentamos rodeados de la selva en un tambo, un lugar sin paredes, con piso de tierra y techo de paja. En el ritual había ocho hombres de una tribu que era evidente habían dejado de usar sus ropas tradicionales desde solo un par de generaciones anteriores, y más bien vestían ropas usadas que habían obtenido de diferentes maneras de personas del primer mundo (camisetas e imitaciones de jeans bastante usados de los Estados Unidos, zapatillas deportivas y sandalias muy gastadas). Con ellos iban también tres gringos cazachamanes que compartieron conmigo el viaje por el río en una canoa de quince metros de largo.

Los otros gringos y yo juntamos nuestro dinero en Quito, Ecuador, y partimos juntos hacia Colombia buscando la entrada al Alto Amazonas por el río Putumayo, usado por el narcotráfico con la peor reputación de secuestros y desapariciones intempestivas. Viajamos en autobús entre altas montañas, en angostos caminos de tierra de una vía que parecía que se desmoronarían en cualquier momento. Después de tres días de respirar polvo y humo de tubos de escape, y de ser parados por la policía colombiana que buscaba drogas, finalmente llegamos al bullicioso pueblo de vaqueros de Puerto Asís, Colombia, a orillas del Putumayo. Las calles eran de tierra, las motocicletas reinaban afuera de los bares y desde el balcón de nuestro hostal alcanzábamos a ver las balaceras en la calle como desde un asiento en primera fila. Incluso, a un maestro de escuela desempleado que hablaba inglés y amigo de los gringos, cuyo hijo supuestamente había representado a Colombia en la competencia de esgrima en los juegos olímpicos, se le ocurrió una forma brillante de acabar con nuestra inocencia en Puerto Asís, donde está la mafia de la cocaína y las Fuerzas Armadas Revolucionarias de Colombia (FARC), guerrilla marxista-leninista implicada en el continuo conflicto armado en ese país desde 1964. Él sugirió grabar un mensaje en inglés para dar la bienvenida a sus residentes a través de la radio local, por lo que yo grabé el saludo, tratando de sonar lo más parecido posible a Robin Williams en la película *¡Buenos días Vietnam!*

"¡Buenos días, Puerto Asís! Les habla Alan Shoemaker de los Estados Unidos para desearles a todos y cada uno de ustedes una buena y saludable mañana. ¡Buenos días!". Según me han contado, hasta el día de hoy, veintiún años después, esta grabación todavía la pasan de vez en cuando.

Nos tomó dos semanas de búsqueda diaria para encontrar nuestra canoa de quince metros de largo y el motor de cuarenta caballos de fuerza. Lo habíamos equipado con unas barras curvas para apoyar un toldo de plástico negro contra la lluvia y compramos suficientes alimentos para un mes. Cuatro cilindros de cincuenta y cinco galones (casi doscientos litros) de gasolina cada uno y unas cuantas herramientas mecánicas completaron nuestras compras. Salimos de Puerto Asís a motor por un pequeño afluente hacia el río Putumayo, maniobrando en lo que parecía ser una corriente rápida de diecisiete kilómetros por hora. Íbamos a la caza de un chamán y estábamos decididos a ir en esta canoa hasta llegar a La Chorrera, Colombia, una aldea bora-huitoto-ocaina arraigada alrededor de intransitables cataratas a orillas del río Igara Paraná.

Después de resolver algunos problemas del motor, llegamos finalmente a las orillas de una pequeña aldea de la tribu siona, donde fuimos recibidos por algunos de sus nativos. Pedimos ver a su curandero.

"Sí, señor. Él no los puede ver hoy. Está borracho".

¿Borracho? ¿Su curandero estaba borracho? "Está bien, pero queremos verlo hoy de todas maneras".

Los otros gringos siguieron al hombre hacia una choza con techo de paja construida sobre pilotes de poco más de tres metros y medio de altura para protegerse de la subida del río y de los animales salvajes. Después de dejar encargada nuestra canoa a un lugareño, yo también subí las escaleras de su casa y, por alguna extraña razón, empujé la puerta para abrirla e hice una pausa por un momento antes de entrar. Escuché un grito borrachoso: "¡Jaguar!", luego entré al cuarto con mucho cuidado, como un gato torpe de casa, derribando un macetero en el camino. Las caras del cuarto me clavaron la mirada con gran inquietud. Un hombre mayor, aparentemente su curandero, estaba sentado en una pequeña banca cerca de una enorme ventana con vista a la aldea. El pelo que se estaba dejando crecer era plateado y muy largo y producía un efecto subliminal sobre la cara tostada por el sol, como de barro agrietado. Me quedé mirándolo mientras la imagen de "hombre santo y sereno" que había concebido en mi mente se desvanecía poco a poco como una ilusión.

Todavía era temprano, y este anciano me pidió que le comprara otra media pinta de aguardiente, el alcohol potente que se prepara al destilar la caña de azúcar. Habló en español, un poco mejor que el mío y bastante entendible. Se tomó el aguardiente rápidamente y luego aceptó preparar una olla de ayahuasca y realizar el ritual para nosotros esa misma tarde.

"¿Pero acaso no tenemos que hacer dieta todo el día?", le pregunté.

"No, no. Nos encontramos aquí más tarde. Mi esposa va a preparar la cena y nosotros iremos al tambo a tomar".

"¿Podemos comer justo antes de tomar ayahuasca?". Yo estaba confundido. Esto contradecía las enseñanzas de Valentin.

"Por supuesto que sí. ¿Acaso no vas a tener hambre? Ella va a preparar una sopa de pollo. ¿No te gusta la sopa de pollo?", me preguntó.

Las lecciones que se aprenden sobre las plantas sagradas de poder llegan de diferentes maneras. Tuve que trabajar con diferentes curanderos para acabar con mi creencia de que para ser un buen sanador hay que ser un ser humano perfecto y totalmente impecable. Alguien inventó eso, y Dios lo bendiga. Y realmente no importa si a la persona se la llama *chamán* o *curandero,* es la intención detrás del nombre. Hemos relacionado a estos magníficos sanadores con conceptos de perfección que ellos no pueden cumplir. Erróneamente los hemos identificado como "santos" y muchos de ellos han tratado desesperadamente de adoptar esa idea. Tanta reverencia y mística va acompañada con el término *curandero* que la persona a la que describe no puede hacer otra cosa que eventualmente caer del pedestal donde equivocadamente la hemos colocado. Es por eso que el curandero se encuentra en un callejón sin salida: soñamos con esa idea y por lo tanto él debe tratar de serlo, ¿verdad? Pero el curandero jamás podrá colmar las expectativas del gringo que lo mira con expresiones de adulación. Un paso en falso y en seguida pasa a ser un simple charlatán. Mi primer encuentro con aquel viejo ayahuasquero siona acabó con el mito del estereotipo y me enseñó mucho sobre lo que es un verdadero curandero.

Llegamos a la casa del curandero a las 6:00 p.m. tal como nos indicaron. Me tomé dos platos de sopa; digerí el segundo con el pensamiento funesto sobre las posibles consecuencias por no seguir la dieta apropiada antes del ritual como me habían enseñado. Ya estaba oscuro cuando terminamos la cena, por lo que agarramos nuestras linternas, los mosquiteros y las hamacas. Seguimos al anciano por un camino de barro hacia la selva hasta que llegamos a su choza para rituales, un tambo ubicado casi a un kilómetro de su casa. Tenían la ayahuasca en cocción desde las primeras horas de la tarde; las cenizas todavía estaban calientes.

"¿Se ha cocido el tiempo suficiente?", pregunté.

"Más que el tiempo suficiente", me aseguró.

No le creí, pero bueno esta era la selva y realmente no sabía qué esperar. Por la información que obtuve sobre la ayahuasca, pensé que había que cocerla durante al menos ocho horas, pero ¿yo qué sabía? Decidí dejarme llevar y beber su medicina con mente abierta, tal como hice cuando me tomé los dos platos de sopa que preparó su esposa.

Bebí mi primera taza de ayahuasca, caliente aún, de rodillas por respeto al Maestro, haciendo un brindis por el ritual y por todas sus cualidades espirituales. El sabor era atroz. Nos alcanzó un trozo de unos diez centímetros de caña de azúcar pelada y nos dijo que la chupáramos para quitarnos el mal sabor. Cuando me dio un trozo, recordé las indicaciones de Valentin: "Nada de azúcar de ninguna forma después de tomar una planta sagrada de poder". Pensé que esta era una de las muchas reglas que sencillamente no se debía romper. Pero, él era el curandero, esta era su selva, y además el sabor era repugnante, por lo que, al igual que con la sopa de pollo en la cena, seguí sus indicaciones con mucho gusto. Luego, esperé.

Pasó una hora y no sentí ningún efecto. Era evidente que los otros se encontraban bajo la influencia de la ayahuasca, pues caminaban como si el piso estuviera sufriendo la agonía de un pequeño terremoto, y me serenaban con varios ruidos purgantes cacofónicos, frecuencias melodiosas que parecían danzar a mi alrededor desde fuera del tambo. El viejo ayahuasquero golpeó su armónica con la mano, para sacarle el exceso de saliva, y se levantó de la hamaca. Ni siquiera cantó un icaro; aparentemente prefería trabajar con los sonidos que vibraban desde su armónica. Se acercó tranquilamente a la olla de la medicina, se puso en cuclillas, abrió la tapa, tomó la taza de café que usaba para medir las dosis, e inclinando la cabeza me pidió que lo acompañara. Me puse de pie y caminé hacia él. Se sentó allí detrás de su olla de ayahuasca que todavía estaba caliente y empezó a estudiarme. Después de unos pocos momentos, me ofreció otra taza e insinuó que yo tenía alguna resistencia a los efectos de la primera taza, que tal vez estaba bloqueado. Y una vez más, así como con la sopa de pollo y con la caña de azúcar, me rehusé a que mis propias ideas preconcebidas me guiaran. Tenía que hacerlo; tenía que confiar en mis instintos respecto a este vetusto señor ayahuasquero siona, que estaba ebrio al principio. Pasé este líquido repulsivo por mis papilas gustativas hasta mi garganta y no tuve ningún problema en volver a aceptar su ofrecimiento de que chupara otro pedazo de caña de azúcar. Esperé.

Vi las estrellas brillar bajo la media luna. Mi estado de conciencia se agudizó al escuchar la sinfonía de la música de la selva que se mezclaba con las notas extraordinariamente dulces de los icaros que salían de la armónica de este sucio curandero. Ya había pasado una hora y media de mi primera taza, y media hora de mi segunda taza. Cuando empecé a despejar mi garganta, un géiser entró en erupción desde las profundas piletas de mi estómago con tal fuerza que salí corriendo del tambo, tapándome la boca fuertemente con ambas manos, mientras imparables espasmos de vómito se derramaban entre mis dedos. Casi a los treinta metros dejé de correr, saqué mis manos, y dejé que el resto de este líquido indomable saliera expulsado completamente por su fuerza y presión, que parecía que brotaba más o menos hasta un metro frente a mí, una y otra vez, hasta que mi estómago quedó completamente vacío.

De pronto, mientras estaba parado mirando al piso como el jorobado de Notre Dame, vi luces por las esquinas de mis ojos. Los participantes de la ceremonia, obviamente preocupados, me habían seguido hasta dentro de la selva y estaban ahora parados alrededor de mí porque pude ver lo que tenían que haber sido las luces de sus linternas. Estaba avergonzado. Tengo que ingeniármelas para enfrentarlos con la cara apropiada, pensé, mientras trataba de mantener el equilibrio. Me paré derecho, enfoqué mis ojos, y para mi sorpresa, fui testigo de la cosa más increíble que jamás antes había visto: todas las plantas de la selva frente a mi vista, en semicírculo, estaban habitadas por espíritus. ¡Brillaban de adentro hacia afuera! Entre las plantas más pequeñas justo a mi izquierda habían espíritus de niños indígenas, y directamente frente a mí, en la posición de las doce en punto, enormes arbustos contenían espíritus de tribus gigantes de seis metros de alto con cabellos que les llegaban más abajo del hombro, amarrados con cintas, resplandecientes con atuendos tradicionales: brazaletes y túnicas largas estampadas a cuadros de color verde limón, crema y blanco. Sabía que esta medicina tenía gran potencia para la alucinación y encontré especialmente interesante que mi mente trabajara con tanto detalle como para fabricar sus collares al estilo Nehru.

¿Qué me estaba pasando? ¿Estaba alucinando? ¿Era esta una visión? Mi mente analizaba varias posibilidades mientras que mi cuerpo respondía con escalofríos que corrían desde arriba hasta la columna. Justo en ese momento, el grupo entero de espíritus, ocho en total, estiraron sus brazos, con las palmas hacia arriba como dándome la bienvenida y empezaron a entonar mi nombre. Pude escuchar las sopranos y las voces altas de las mujeres y de los niños, y las resonantes voces graves de los hombres que con gran belleza y armonía me cantaban: "Alan, Alan, Alan, Alan, Alan..." Las lágrimas comenzaron a caer por mi rostro. Sentí una abrumadora necesidad de inclinarme

ante ellos en gesto de reverencia, pero en cambio asentí con la cabeza en gesto de honor demostrando mi respeto mientras me mantenía allí de pie, consumido y perplejo con esta magnífica visión amazónica. En ese espacio, parecía que la visión había durado diez minutos. Durante esos diez minutos me mantuve allí de pie con absoluto asombro, hasta que finalmente hablé, y les agradecí por lo que me habían mostrado, y les expliqué que debía regresar al tambo y al ritual, y prometí que nunca olvidaría lo que me habían mostrado.

Tal vez ahora empezaba a comprender, pero todavía no estaba seguro. *¿Es esto?, ¿curanderismo?, ¿chamanismo? ¿Son literalmente espíritus de plantas, y si lo eligieran, pueden sanar? Si los escuchamos, ¿nos pueden enseñar?* Tenía muchas cosas que pensar, pero todas tendrían que esperar hasta la mañana siguiente.

Cuando salí corriendo del tambo para vomitar, no noté ningún cambio en mi coordinación. Después de vomitar tuve problemas en saber cuándo mis pies iban a tocar el suelo. Sin embargo, tenía la parte superior de mi cuerpo bajo completo control. El efecto de estar ebrio parecía ser solo en mis piernas. Tal vez se debía a que mis pies eran el punto más lejano de mis ojos y entonces, ¿mis ojos eran la verdadera causa de esto? ¿Podría ser que cuanto más lejos estaban los objetos, mayor sería la posibilidad de tener alucinaciones sobre ellos? ¿Y todo ha sido alucinaciones? Eso explicaría lo que acababa de ver. Pero estos espíritus han cantado para mí, ¿no es cierto? Incluso sabían mi nombre.

Regresé al ritual, tomé asiento en mi lugar y quedé asombrado por las vívidas imágenes de jaguares y boas que parecían salir de la nada en plena oscuridad, que aparecían ferozmente a pocos centímetros de mi rostro. Aunque no estaba totalmente seguro de qué era esto o por qué estaba ocurriendo, decidí dejar de lado mi incredulidad y percibirlo como una prueba excéntrica de valentía. Cuando un jaguar rugió directamente frente a mi rostro pude ver, a todo color, cada uno de sus dientes, su lengua e incluso hasta su garganta. En lugar de asustarme, decidí apreciar la belleza de las imágenes, porque después de todo ¿acaso tenía yo otra elección? No estaba bajo mi control. ¿Y qué tal si esta era en realidad una prueba de coraje? Muchos años atrás había aprendido a tener admiración por el peligro y a conservar el temple cuando ocurría. Durante las tres horas siguientes, fui bombardeado por visiones de la selva salvaje hasta que finalmente los efectos de la ayahuasca fueron disminuyendo y la ceremonia llegó a su fin.

Muchos pensamientos alborotaban mi mente y las imágenes desaparecían lentamente, por lo que decidí subir a mi hamaca, caí en un sueño profundo y me desperté con la primera luz. Mis compañeros y yo empezamos a recoger lentamente nuestras pertenencias y regresamos a la casa del curandero en la aldea.

Una de mis compañeras de la canoa, Thea, y yo hablamos abiertamente sobre las imágenes que habíamos visto en la noche. Me habló sobre el hijo del curandero que había bebido ayahuasca con nosotros. Lo encontró cerca del riachuelo donde ella había ido a vomitar aprovechando la corriente. Se echó un poco de agua en la cara y se dispuso a regresar al tambo con techo de baja, pero él estaba parado en el medio del camino, bloqueándole el paso. Ella no pensó nada malo sobre eso y siguió caminando hacia donde él estaba. Él no se movió. Ella se detuvo cuando estuvo justo frente a él; el individuo se le acercó y le agarró los senos. Thea lo miró y en forma calmada y con firmeza le dijo: "No", y entonces él se hizo a un lado. Thea regresó al ritual, totalmente bajo los efectos de la medicina y él la siguió y se sentó entre nosotros en una pequeña plataforma. Yo lo había estado observado durante la noche, especialmente porque rugía tan fuerte como un toro. Parecía que estaba en un trance profundo, con los ojos cerrados.

Thea me contó: "Por la noche, cuando estaba en una meditación profunda, sentí que él estaba intentado llegar a mí en forma de espíritu para tener sexo". Ella no estaba segura si esto era real, pero se sintió lo suficientemente fuerte y levantó una pared sobrenatural para evitar que él entrara; y eso fue tan real que me lo contó. Sin embargo, como est se trataba de sexo, no estaba completamente segura de su autenticidad. En el estado alterado producido por la ayahuasca, ella pensó que si hubiera querido dejarlo entrar en sus visiones, él la hubiera podido penetrar.

Yo tampoco sabía qué era real o imaginario, pero pensé que tal vez este era un regalo que los espíritus le daban a ella porque se trataba de su sexualidad. "La única manera que podrás saber es preguntándoselo a él", le aconsejé, al darme cuenta que yo también había recibido el regalo de una visión que aún tenía que procesar. Pero, Thea se sentía muy incómoda de acercarse a él y unos pocos días después me dijo: "Alan, ojalá hubiera hecho lo que me sugeriste, porque ahora nunca lo sabré".

También yo pensé que nunca llegaría a saberlo, porque el siguiente año de mi aprendizaje sobre curanderismo nunca estuve completamente convencido de lo que había visto aquella noche. El viejo curandero siona me dijo que su medicina contenía únicamente ayahuasca, chaliponga y unas cuantas hojas de datura. Yo le creí, pero ahora sé que el efecto que produce esa medicina solo dura cuatro horas y no se siente la garganta seca ni sedienta como cuando uno toma ayahuasca mezclada solo con datura. La datura es un arbusto que también crece en forma de árbol, con flores grandes que parecen campanas y que cuelgan hacia abajo. Esta es una planta muy bonita que en las manos incorrectas puede resultar mortal cuando se toma una sobredosis. Es usada generalmente por los brujos y otras personas que se hacen pasar por chamanes, porque no saben cómo preparar la ayahuasca en forma apropiada, o, si lo saben, son muy perezosos para cocerla como tiene que ser. La datura contiene atropina, escopolamina y hiosciamina, todas ellas sustancias químicas muy peligrosas. En dosis controlada a veces es usada de manera cruel para alterar el trago de una persona y hacer de ella un zombi para que obedezca tus órdenes, como entregarte su tarjeta de cajero automático y su clave.

A la mañana siguiente del ritual nos encontramos con el viejo chamán siona e intercambiamos armónicas: la mía que estaba nueva a cambio de la suya que estaba bastante usada y un poco oxidada. Fue un regalo que aprecié mucho. Fue el primero que me dijo que según las creencias, los nuevos curanderos serán gringos. Y que un poco más de quinientos años atrás los españoles habían llegado con sus enfermedades e instrumentos de guerra y los habían perjudicado; no tenían el menor interés en aprender sus métodos orgánicos de sanación. Ya era el momento de iniciar el siguiente ciclo de quinientos años y el viejo ayahuasquero aún no había encontrado a quién enseñarle. Me contó que ni siquiera su hijo, a quien le hubiera encantado dejarle sus conocimientos, se mostraba interesado. Pero nosotros los gringos sí estamos interesados, o por lo menos aquellos gringos que hemos visto y comprendido la insensatez inherente a la causa y efecto de los sistemas lógicos que hemos creado e implementado en este mundo. El mundo chamánico es un mundo místico y a nosotros los gringos nos han educado lo suficientemente bien como para respetar lo que nos dejaron nuestros antepasados e intentar resguardar aquellas partes que se pueden rescatar antes de perderlas para siempre. Los misioneros llegaron financiados por el primer mundo, y lo hicieron en hidroaviones y abrieron iglesias en las partes más profundas de la selva, trayendo consigo su Dios, ética y valores morales. Convencieron al mestizo y a los indígenas, regalándoles ropa, medicina y dinero, de que la medicina tradicional de sus abuelos no era más que folclor supersticioso. Hoy en día, los niños vestidos con ropas modernas prefieren tomar una pastilla y adorar a un Dios que sus antepasados nunca conocieron. No tienen el menor interés en preservar su herencia cultural.

El viejo curandero siona siguió contándome con mucha tristeza sobre su hijo y otros aprendices que se habían rendido. Además de la competencia de los misioneros, está el atractivo de las clínicas flotantes que prestan servicios gratis a lo largo del Putumayo y que se han establecido en diferentes pueblos, regalando antibióticos y medicinas contra los parásitos. Es mucho más fácil tomarse una pastilla que resistir las difíciles pruebas y circunstancias que uno debe enfrentar durante un aprendizaje chamánico. Las dietas para la sanación con plantas están diseñadas para ayudar a la persona a conectarse con los espíritus de las plantas y desarrollar nuevas habilidades de sanación, visiones y vista. Requieren de mucho tiempo a solas y un estricto régimen dietético. Es por ello que son muy extenuantes tanto a nivel físico como psicológico, y muchos aprendices no regresan después de haber empezado las diversas dietas que se necesita seguir para llegar a ser un experto en el conocimiento de una planta sagrada de poder. El viejo chamán me contó que algunos de los herbolarios exigen dietas estrictas de noventa días o más, y estar solos en la selva, antes de que uno pueda beber o trabajar con ellos. Estaba muy triste de que su conocimiento no fuera a ser transmitido a nadie de su propia tribu ni a sus descendientes, y fue de esta manera que él comprendía perfectamente lo que significaba darme su armónica. Me estaba entregando algo muy especial para él con la esperanza de que yo continuara con la cadena ininterrumpida y que tal vez algún día yo llegara a ser ese nuevo curandero, el "chamán gringo", y por lo tanto sería un vehículo que conservaría la sabiduría ancestral que él tanto atesoraba y que esperaba sobreviviera para entrar a esta nueva era que, de vez en cuando, veía flotar sobre el Putumayo.

Luego de mi encuentro con este hermoso y sabio sanador siona, pude saber que mis métodos de sanación iban a mejorar. Esperaba aprender a orientar mis energías al momento de entrevistar a mis pacientes antes y después de los rituales, dirigiéndolos a cuestionarse a sí mismos, para ayudarlos a descubrir y trabajar con sus energías de sanación dentro de cada uno de ellos.

Cuando salimos a la mañana siguiente, la partida fue de sentimientos encontrados. Le dije al viejo ayahuasquero que trataría de regresar, pero él y yo sabíamos que la posibilidad de que esto ocurriera era mínima. Sin embargo, ambos sabíamos que esto era también uno de los muchos inicios de la creencia de quinientos años que él había compartido conmigo. Es más, me fui sabiendo que había visto y sentido un curanderismo real y sencillo, sin ser adulterado por los conceptos del mundo desarrollado y sus reglas establecidas, por las que había sacrificado demasiado para aprenderlas y que ahora trataba arduamente de romper.

En medio del caos del Putumayo existe una clave para la sanación. En un pueblo pequeño y sucio, en las riberas turbias color ladrillo y llenas de barro de ese río peligroso vive un ayahuasquero que a veces está borracho, pero siempre triste, que me mostró que los bosques tropicales del mundo y las prácticas ancestrales de sanación que han venido evolucionado allí no son una farsa. La posibilidad de descubrir una cura para las enfermedades del mundo sí existe; solo debe ser que esta no viene en pastilla o frasco; hasta puede que sea algo que no se puede tocar con las manos. Quizás es una magia etérea que nunca podrá ser vista bajo un microscopio. Tal vez el futuro de la sanación reside en entrar y comunicarnos con otro plano de la existencia.

REGRESO AL ECUADOR

Durante los seis meses siguientes, pasé de un curandero a otro buscando uno que me pudiera enseñar. La calidad de la ayahuasca era siempre diferente y nunca fue tan potente como la del curandero siona. El escepticismo me consumía constantemente, impidiéndome terminar de aceptar como visiones las muchas alucinaciones que había recibido en los cincuenta o sesenta rituales a los cuales había asistido y participado en ese tiempo. Realmente fallé en afianzar mis creencias en el plano espiritual de la existencia que yo pensaba había visto tan vívidamente en las orillas del río Putumayo. Sí, trabajaba con muchos espíritus, hablaba con ellos y los presenciaba, pero me era difícil creer por completo que el plano existencial al cual estaba entrando era real. A ninguno de los curanderos con los que trabajé lo sentí como el destinado para mí. En muchos casos, cuando cantaban los icaros lo hacían en forma demasiado automática, sin la sensibilidad natural que debía estar allí. Otros que probé evidentemente solo querían dinero. Cada uno de los diferentes maestros que encontré decía que él era el único verdadero sanador del lugar, y que cualquier otro con el que yo decidiera trabajar era solamente un brujo, un doctor brujo y malévolo. Aprecié esta información ególatra en varios sentidos, pues hizo más fácil mi decisión de cambiar de curandero, de manera que pudiera continuar con mi búsqueda de mi verdadero Maestro.

Poco después de mi experiencia con el chamán siona, cuando preparaba mi viaje de regreso para ir a ver a Valentin a las montañas del Ecuador, me enteré de otro curandero a las afueras de Iquitos, Perú. Sabía que el mejor regalo que podía llevarle a mi maestro en el Ecuador sería una botella de ayahuasca recién preparada, porque esta planta no crece en el clima frío de la altitud de los Andes.

Anduve por las calles de un pequeño pueblo buscando información entre los lugareños sobre la casa del curandero de su comunidad. Todas las casas de los pueblos ubicados en las afueras de Iquitos están construidas sobre terrenos muy pequeños. Generalmente no tienen un jardín ni nada parecido, ya que con el paso de los años el agua de la lluvia arrasa con todo haciendo imposible cultivar un jardín por la falta de nutrientes en la tierra. Además las casas están construidas muy cerca una de la otra. Finalmente di la vuelta a la esquina en la parte final de un pueblo y llegué a una casa pequeña con techo de paja, con sus típicos maderos sin pintar. Grité: "Hola", y abrió la puerta una muchacha peruana que no mostró el menor interés en saber por qué un gringo estaba allí parado frente a ella. Fue a llamar a su papá. Cuando este entró a la casa y nuestros ojos se encontraron, sentí que estaba conociendo un alma gemela. Sonreía tímidamente y con su cuerpo demostraba humildad. Me enseñó su casa y me llevó hasta el patio, que estaba lleno de plantas medicinales y que era cuatro veces más grande que cualquier otro patio del vecindario. Incluso había césped creciendo en el centro que los vecinos usualmente cortan con machete, porque prefieren el barro puro para poder barrer todos los días y mantenerlo limpio. Le expliqué que quería llevar una botella de ayahuasca a mi maestro del San Pedro en el Ecuador y le pregunté si me podía conseguir una.

"Sí. La puedo tener lista para mañana". Me llevó a su parcela donde había sembrado ayahuasca en la parte de atrás de su terreno. "¿Tienes un maestro del San Pedro en el Ecuador?"

"Sí, Don Juan. Trabajé con el San Pedro antes de empezar a trabajar con la ayahuasca".

"¿Y vas a regresar aquí a la selva otra vez?", me preguntó mientras terminaba de cortar la planta.

Recogimos los trozos y regresamos a su casa. Mientras le daba la mano, hicimos planes para encontrarnos al día siguiente, y me dijo: "Cuando regreses de las montañas, ven aquí de nuevo. Si quieres, puedes estudiar aquí conmigo". Era la primera vez que un ayahuasquero me invitaba a ser su aprendiz. Anteriormente había visitado sanadores con esta pregunta en mi mente. Esta vez salió de él en forma natural. Al día siguiente regresé a su casa y le pagué por la botella de medicina recién preparada.

Cuando llegué al Ecuador y le entregué la medicina a Valentin, me preguntó de inmediato sobre la orientación espiritual del hombre que la había preparado. Su preocupación no era si los ingredientes eran los correctos o si lo había cocido adecuadamente. Después de todo, la ayahuasca es una medicina fácil de preparar. Su interés más bien era saber qué tipo de energías había transmitido el cocinero a la preparación. Solo pude decirle que no lo sabía, pero que en el corto tiempo que había pasado con Don Juan lo que yo sentía por él era bastante conmovedor. Valentin colocó la botella en el refrigerador para conservarla.

El viernes siguiente, antes de empezar el ritual del San Pedro, le conté sobre las diferentes ceremonias en las que había participado así como la gran variedad de curanderos que había conocido y sus diferentes estilos y sistemas de creencias. Valentin se preocupó de que me hubiera implicado con algo negativo y que hasta tal vez hubiera recogido alguna mala energía mientras trabajaba con la ayahuasca. Luego procedió a explicarme sobre el significado que tenía la ceremonia de esa noche para los clientes que habían llegado:

"A nivel psicológico todos hemos sido programados por nuestros amigos, familiares y por la sociedad en general para comportarnos de determinada manera que se considera adecuada y aceptable. Lo más importante es que esto incluye aquellos patrones que nos han inculcado tan profundamente que nos es muy difícil cambiarlos. Nuestra sabiduría ha dejado atrás la mayor parte de los patrones de respuesta emocional habituales que tan meticulosamente hemos desarrollado, y ahora, en la adultez, nos sentimos atosigados por un lenguaje emocional anticuado del cual no sabemos cómo deshacernos para poder seguir adelante hacia la plena realización. Esta noche, con total realización por el San Pedro, es posible que concentres tus pensamientos en cualquier tipo de problema psicológico que no desees cargar más, lo envuelves y lo pones bajo llave como si se tratara de una caja de seguridad, de la cual solo tú tienes la llave; y nunca más tendrás que manejar ni ver esos problemas a menos que lo desees. El San Pedro te coloca en el asiento del piloto, por decirlo de alguna manera. Si te enfocas particularmente en tus pensamientos sobre determinados asuntos, la medicina permitirá que te deshagas de cualquier manifestación que consideres que impide la continuación de tu crecimiento emocional. En el plano físico, la medicina busca y destruye. Al beber la medicina literalmente puedes sentir cuando esta pasa por todo tu sistema, desde los dedos de tus pies hasta la coronilla de tu cabeza. Al recorrer todo tu cuerpo, se queda en determinado lugar por un tiempo más largo, porque es en esas áreas donde la medicina ha encontrado que necesitas más ayuda".

Empezó la ceremonia como de costumbre, orando y soplando humo de tabaco mapacho y distribuyendo dosis de jugo de tabaco seguido por el San Pedro. Cuando era evidente que se empezaban a sentir los efectos, Valentin le pidió a Mohita y a su esposa que me llevaran a la parte posterior de la habitación para purificarme de las energías negativas que Valentin pensaba que yo había recogido en la selva. Mohita me pidió que me recostara en la mesa de masajes con la cabeza hacia arriba, e hizo que me quitara la ropa y las joyas. Me roció con agua florida y empezó a pasarme la shacapa sacudiéndola por todo mi cuerpo de los pies a la cabeza. Cuando llegó a mis muslos ellos mostraron una expresión de gran asombro en sus rostros y empecé a levantarme, pero Mohita me detuvo y dijo: "No te levantes, Alan, quédate aquí. Enseguida volvemos". Regresaron a los veinte minutos y me volví a reunir con los demás en la ceremonia. A la mañana siguiente le pregunté qué había pasado.

"Al llegar a tus piernas, te pasaba la shacapa sacudiéndola por todo tu cuerpo, cuando dos manitas pequeñas salieron de tus muslos. Seguí pasándote la shacapa pero las manitas se resistían. Al final, un hombre pequeño saltó de tu cuerpo y corrió hacia donde se realizaba la ceremonia. Te dejamos allí para encontrarlo y sacarlo".

"¿Lo encontraron?", pregunté.

"No, no lo encontramos. En realidad, no tiene importancia. Les llamamos *elementos,* y no hacen daño".

No me sorprendió escuchar esta historia, ya que curiosamente era la tercera vez que este mismo hombre pequeño aparecía en mi vida. La primera vez fue cuando visitaba a mi familia un fin de semana en mis días de estudiante universitario. Había recogido un poco de barro de moldear de mi sobrino y empecé a jugar caprichosamente con él mientras veía televisión. Cuando bajé la mirada, mis manos habían formado la imagen perfecta de un hombre viejo completo, con un sombrero y arrugas en los pantalones. La próxima vez que el hombrecito hizo su aparición fue cuando trabajaba en una película llamada *Brubaker,* montada en una prisión. Un día después de filmar, mi amigo y yo regresamos a mi carro deportivo que había dejado estacionado en el parqueo de la prisión. En el asiento de atrás había una cámara Polaroid; cuando mi amigo de contextura maciza se sentó en el asiento del pasajero, la cámara cayó al piso y se disparó. Cuando vimos la foto que se había tomado: apareció el pequeño hombre, nuevamente con sombrero y pantalones arrugados. Pensé en este hombre pequeño que hasta ahora había aparecido tres veces en mi vida. Y mi conclusión es que como tengo antepasados irlandeses, llevo conmigo mi propio duendecillo de la suerte.

La luz del sol empezó a entrar al cuarto lentamente, yo estaba muy relajado, y me había recostado en el sofá que estaba directamente frente al altar, que al estar al lado de la puerta, recibe la primera luz tenue. Estaba absorto con la mirada hacia el altar, cansado, sin pensar, y mi diálogo interno se detuvo por completo, y fue en ese momento que empecé a *ver*. Comencé a notar que las cosas que estaban sobre la mesa y en la pared detrás del altar se movían muy calmadamente. La imagen que apareció era la de un paisaje en el campo muy temprano en la mañana, una película mística en 3D. Observé la visión sin pensar más en ella durante lo que debieron haber sido diez minutos hasta que un pájaro voló de un punto a otro, en lo que debió haber sido la tercera o cuarta vez. Fue entonces que me di cuenta que lo que yo estaba viendo era otra realidad u otra dimensión. Una voz empezó a hablarme, dándome los nombres de árboles, plantas y pájaros..., de todo lo que existe en este mundo que estaba sobre el altar. La visión permaneció por varios minutos hasta que todos se levantaron y salieron al patio para la limpieza matutina de las cavidades nasales con tabaco. Valentin me preguntó si yo iba, pero rápidamente se dio cuenta que yo estaba sumergido en el espacio, mirando al altar. Me hizo un guiño de complicidad y siguió caminando hacia afuera. Fue en ese momento que comprendí el tiempo que había estado absorto frente al altar cuando la luz de la mañana cayó sobre nosotros. No sé si fue que mi diálogo interior había empezado nuevamente, o tal vez fue la interrupción, simplemente no lo sé, pero mis visiones se detuvieron. Podía ser que había estado pensando mucho; estaba analizando e intelectualizando. Salí a dar un paseo a la parte posterior de la casa, me senté al lado de Valentin y le conté lo que había visto, que había estado mirando otro mundo que se había manifestado en el altar. Me sonrió y dijo: "Por fin la planta se te está mostrando, Alan".

Después de esta experiencia, esperé con más ansiedad las ceremonias posteriores. Cada vez que bebía el San Pedro, le tenía que pedir a Valentin una dosis más grande, explicándole que yo no estaba allí para una sanación, que mi interés no era recibir una dosis homeopática.

"¡Alan! ¿Por qué quieres beber tanto?"

"Como te dije antes, Valentin, estoy tratando de romper una barrera. Estoy tratando de *ver*", le respondí.

Deseoso de más viajes a otras dimensiones, empecé a observar la imagen de la Virgen María sobre la puerta cada mañana después de haber pasado toda la noche orando y cantando. Una mañana en que me encontraba absorto en su belleza, apareció la imagen del rostro de una anciana que rápidamente se transformó en un esqueleto. Estaba calmado ante las diferentes expresiones que ella mostraba en diferentes momentos, pero esta alucinación no solo me alarmó y confundió, sino que me turbó. Fui a ver a Valentin, quien estaba afuera echando jugo de tabaco en las cavidades nasales de los participantes de la ceremonia, y le conté lo que había visto.

"¿Eso es lo que ves sobre el rostro de María?" Él estaba en shock. "Alan, has recogido una energía muy negativa de los brujos de la selva. ¿Cómo es posible que hayas visto esa fealdad en María?"

"No, Valentin. No he recogido nada de la selva. *Eso fue lo que vi.* Solo esperaba que me pudieras dar una explicación".

"Alan, cuando estés en una ceremonia debes conducirte como un guerrero. Debes poner suficiente energía por delante para evitar que pensamientos y energías ajenas entren a tu concentración. Debes cantar con más energía y no debes relajarte tanto como lo haces".

Mi experiencia me hizo concluir que justamente como no me había enfocado en nada, pude tener experiencias de otros mundos, pero este era otro punto sobre el cual Valentin, un seguidor de Carlos Castaneda, y yo diferíamos. Castaneda era un graduado de Antropología de la Universidad de California, Los Angeles. Dos veces por semana, él y su esposa organizaban fiestas con cena e invitaban a sus amigos intelectuales. Cada invitado debía preparar un reporte de investigación sobre algún tema esotérico y presentarlo en la siguiente cena. Al parecer, Carlos nunca hizo una presentación suya en esas reuniones, pero sin duda alguna, prestó mucha atención a las presentaciones de los demás. Para su tesis universitaria combinó en forma creativa varias de esas presentaciones en una historia muy conocida ahora sobre cómo encontró a un hechicero llamado Don Juan Matus, que se convirtió en su Maestro. La tesis fue aprobada, y poco tiempo después publicada y llegó a ser un *best seller*. Cuando los directivos de la universidad descubrieron que la tesis había sido fabricada, se rehusaron a desenmascarar a Castaneda como un farsante debido al gran número de estudiantes que habían empezado a solicitar su ingreso a la Universidad de California (UCLA), por haber leído el primer *best seller* de este autor.

Leí el libro de Castaneda mientras me encontraba sumergido en una biblioteca privada en Quito. Al final, cuando terminé de leerlo, me di cuenta que ahora tenía menos respeto por lo que decía Castaneda que el propio Valentin. Encontré muchas incongruencias en sus escritos y sencillamente no podía aceptar lo que Castaneda presentaba como estudios experimentales sobre chamanismo y hechicería. Conversé con Valentin sobre lo que yo pensaba de Castaneda, pero no lo pude convencer de que aceptara mi punto de vista.

En la siguiente ceremonia con el San Pedro hice un esfuerzo para usar más energía, otorgándole a Valentin el beneficio de la duda. Cuando llegó la luz del día, el grupo caminó hacia afuera, y Valentin empezó a echar jugo de tabaco en las cavidades nasales de cada persona. Justo cuando ya estaban terminando, Madann, un buen amigo de Mohita, llegó acompañado de su esposa, una mujer mayor de aproximadamente sesenta y cinco años. Ella se quejaba de que se sentía llena y esperaba que Valentín la pudiera curar. La mujer tomó una taza de té y empezó a relajarse en la sala de Valentín conmigo.

"Ya me siento mucho mejor, gracias por el té", dijo. "Creo que voy a ir a la casita para unirme a un grupo de oración de mujeres". Y se fue.

Más tarde, yo también fui a esa casa, y Valentin, Mohita y yo escuchamos con atención a las mujeres que oraban en el cuarto adjunto. La esposa de Madann las guiaba en las oraciones a la Virgen, con el rosario en una mano y la Biblia en la otra. Las escuché durante cerca de veinte minutos, luego regresé a la casa de Valentin, y me dispuse a relajarme mientras admiraba una vez más la imagen de María. Casi a los quince minutos después, el rostro de la mujer que guiaba las oraciones a la Virgen se puso sobre el rostro de María. Me sonreía con mejillas rosadas, vibrantes y saludables. Fue una visión hermosa y quise salir para contarle a la mujer que conducía las oraciones lo que yo había visto. En ese momento, Valentin entró apresurado al salón.

"¡Alan! ¿Quién está en este baño?"

"La muchacha que trató de suicidarse tomando líquido desinfectante Drano. La fui a ver; ella está bien", le dije.

"Entonces, por favor, agarra el hacha y apúrate ven conmigo. La mujer mayor debe estar afuera en el otro baño. No responde cuando toco la puerta y no puedo abrirla. ¡Apúrate, Alan!"

Agarré el hacha, golpeé y abrí la puerta. Cuando miré adentro, vi a la mujer tirada detrás de la puerta, con los ojos abiertos pero totalmente ida. Me deslicé al cuarto y le tomé el pulso. Ella se había ido. La llevamos cargada hasta afuera y Valentin le administró respiración boca a boca y le dio masajes al corazón. Ya era muy tarde; estaba muerta. Fue entonces cuando me di cuenta que la visión que había tenido de ella, y que había recibido solo pocos momentos antes, había ocurrido al mismo momento en que ella murió. La visión volvió a aparecer en mi mente, la mujer mayor como María, sonriéndome con mejillas rosadas, una mujer que había encontrado la paz. La llevamos cargada al cuarto de sanación y la recostamos sobre la mesa de masajes. Prendimos velas y la rodeamos, Valentin hizo algunas oraciones. Cuando esperábamos que llegara la ambulancia, Madann decidió que quería ir a verla por última vez. Regresó hasta donde estábamos en estado de choque.

"¡Valentin! ¡Alan! Por favor, vengan y mírenla otra vez. ¡Creo que está respirando!" Corrimos hacia el cuarto para verla. Valentin trató de ver si la mujer tenía pulso y yo puse un espejo bajo su nariz para ver si respiraba. Al final, Valentin anunció, "Claro que está muerta. Alan la vio pasando al otro lado en una visión. Definitivamente, ella ya se fue".

A los pocos días se hizo la autopsia. Había muerto de una embolia pulmonar cuando hacía un esfuerzo para evacuar. La sensación que tuvo esa mañana y que describía como que se sentía llena se debió a la embolia que se produjo cuando estaba haciendo el esfuerzo para evacuar en el baño. Literalmente se ahogó y cayó al piso. Inmediatamente pensé que había predicho su muerte una semana antes de que sucediera sin percatarme de ello, cuando tuve aquella visión de una mujer mayor que se transformaba en un esqueleto. Y esa mañana, mientras moría, ella me regaló otra visión.

Seguí trabajando con Valentin en muchas otras ceremonias hasta que sentí que era tiempo de regresar a la selva del Amazonas y su medicina, la ayahuasca. Le conté a Valentín sobre mi decisión de partir, y que estaría allí el viernes para un último ritual. Como siempre él se mostró contrariado de que yo estuviese trabajando con otros maestros, pero pude sentir que yo tenía más afinidad con la selva y la ayahuasca que con los Andes y el San Pedro.

Llegué tarde el viernes por la noche. Valentin inició la ceremonia justo después de mi llegada. Como era costumbre, le pedí dos vasos de su medicina y, con cierta arrogancia, me los dio. Dos semanas antes yo había encontrado arbustos de datura florida y se las entregué a Mohita, el asistente de Valentin, para que las secara y me las preparara. Mohita había recibido entrenamiento sobre la datura en Argentina con su maestro y estaba dispuesto a enseñarme los misterios de esta planta bastante peligrosa. Cuando Valentin vio las flores secándose, se alteró al saber sobre mi deseo de trabajar con esa planta, debido a que es usada mayormente por los brujos para hacer trabajos maléficos.

Una vez empezada la ceremonia, Valentin me pidió cambiar de asiento con una mujer que estaba sentada al lado del altar, debido a que las energías masculinas y femeninas estarían más balanceadas al hacer eso. Fue un pedido extraño. En todas las ceremonias en las que había participado, Valentin jamás había arreglado la habitación de una manera determinada. Pero, claro, hice lo que me pidió. Al hacerlo, yo sería la primera persona a quien él serviría la medicina. Valentin me dio el primer vaso, que estaba puesto en el altar, ya lleno. Esto me pareció un poco extraño ya que normalmente él servía la medicina frente a nosotros antes de que la bebiéramos, pero aun así me la tomé y como siempre le pedí otro vaso. Al fin y al cabo, esta sería mi última ceremonia con él, al menos por un tiempo.

Era un grupo grande, tal vez de veinte personas y era el San Pedro más fuerte que yo había tomado. Dos horas después de iniciada la ceremonia, salí afuera cayéndome para purgar y luego regresé a mi sitio cerca de Valentin y del altar. Por un momento intenté ayudar a Mohita y a Valentin, quienes estaban trabajando con un cliente en la mesa de masajes en el cuarto de sanación, pero cuando entré me topé con varias telarañas de redes de energía, o al menos eso fue lo que me pareció, y allí encontré parados a Mohita y Valentin. Sobre la mesa de masajes había una hermosa joven alemana a la cual íbamos a trabajar. Pero, detrás de Valentin y Mohita había muchas otras personas, espíritus de hombres y mujeres, algunos vestidos como doctores. No tenía la fuerza para manejar esa situación en ese momento, por lo que regresé a la seguridad de mi asiento en la habitación donde se hacía la ceremonia. En realidad, me acobardé; lo sabía. No tenía la fuerza ni la voluntad para continuar.

Al cabo de casi cuatro horas de iniciada la ceremonia, Valentin empezó a cantar el Padre Nuestro en español, una y otra vez, y las otras personas que estaban en la habitación se sumaron. Cuando ya habían repetido esta oración tal vez cinco veces, decidí que yo también recitaría el Padre Nuestro, pero lo haría en inglés y con el propósito específico de dar sanación a Jamie, uno de los participantes. Jamie había estado participando en las ceremonias todas las semanas porque padecía lo que los doctores occidentales describían como un cáncer incurable de riñón. Cuando empecé a cantar, las otras personas presentes en la habitación también empezaron a cantar conmigo, pero en español, por lo que pensé que estaban contentos de que yo hiciera eso. Entonces, seguí repitiendo la oración, una y otra vez. Había recitado la oración diez veces hasta que me cansé y pensé que debía descansar por un momento. Horas después en la mañana, me dijeron que pensaban que yo estaba pasando por algún tipo de pesadilla infernal.

Al amanecer cuando vi luz, entrecerré mis ojos y salí al patio de afuera de la casa de Valentin. En el césped, que normalmente mantenía bien cuidado, estaban tranquilamente parados dos enormes gatos de la selva del tamaño y apariencia de los jaguares, con la diferencia de que estos eran negros con manchas anaranjadas y estaban rodeados de plantas y enredaderas extrañas. Eran hermosos, y por la expresión de sus caras parecía que me estaban sonriendo, como si me conocieran. Regresé al interior de la casa y le dije a Valentin que alguien había agregado algo en mi San Pedro.

"¡Alan!, ¿Por qué habría de poner alguien algo en el San Pedro?"

"No sé, Valentin, tú dímelo. Lo único que sé es que allí habían dos enormes gatos negros de la selva rodeados de selva esperándome en el césped allá afuera que normalmente conservas bien cuidado."

"No sé de qué estás hablando, Alan".

Decidido a llegar al fondo de esto, volví a salir y conversé sobre el tema con Mohita. Me contó que Valentin había visto las flores de datura secándose y se molestó mucho cuando se enteró que eran para mí. Al enterarme de eso, y como Valentin ya me había advertido en varias oportunidades que debía ser más cuidadoso con las personas con las que bebía ayahuasca pues podrían poner otras cosas en la medicina, de lo que yo no me daría cuenta sino cuando fuera demasiado tarde, pensé que el propio Valentin me había jugado una broma pesada. Lo llamé afuera para hablarle sobre mi teoría y después de un momento era evidente que él había adulterado mi medicina. Le dije que nunca debía poner nada en la medicina de nadie sin que la persona lo supiera y le hubiera dado su consentimiento. En un ataque de rabia agarré un poco de césped y se lo tiré a la cara y me fui del lugar.

Cuando regresé a Quito, tuve una sensación rara de que algo me iba a pasar tan pronto llegara al Perú. Me encontraba en el apartamento de Sasha, con las maletas empacadas, listo para que me llevara a la estación de autobús.

Sasha dijo: "Alan, parece que estás preocupado por algo. ¿Estás bien?"

"Sí, estoy bien. Es solo que siento que tan pronto cruce la frontera para llegar al Perú algo me va a pasar. No puedo decir qué es, pero es algo que no me va a gustar. Siento que viene de Valentin, pero no estoy seguro".

Le conté a Sasha lo que me había pasado con Valentin, cuando me llevaba a la estación de autobús. Pensé que tal vez si hablaba con él antes de irme, podría disipar el patrón de energía que se había establecido. Intenté llamarlo por teléfono desde la estación de autobús, pero las comunicaciones se habían caído. La sensación era cada vez más fuerte hasta que Sasha me sugirió que regresara a su casa para pasar la noche y que aplazara mi regreso al Perú hasta el día siguiente. Yo acepté. Seguí intentando hablar por teléfono con Valentin, pero no lo logré. A la mañana siguiente, Sasha me preguntó si seguía teniendo esa misma sensación. "Sí, pero pienso que quedándome aquí no voy a resolver nada. Al menos estoy alerta sobre ello y puedo estar a la defensiva". Con esa respuesta, Sasha me llevó hasta la estación de autobús. Traté por última vez de llamar a Valentin. Todavía nadie contestaba.

El viaje en autobús hasta la frontera del Perú duró cerca de dieciséis horas. Me estamparon el sello de salida del Ecuador y la visa de entrada al Perú, y tomé un taxi para que me llevara a Tumbes. Mi bolsón pesó más de treinta kilos. Afortunadamente, la agencia que me vendió el boleto en autobús para mi siguiente viaje a Trujillo me permitió dejar allí mi maleta hasta la partida del autobús. Me fui a pasear al mercado de hierbas de Tumbes, donde terminé comprando cuatro ramos del San Pedro y los puse en mi mochila de mano. Tenía que esperar dos horas más para la partida del autobús. Mirando alrededor, encontré un restaurante llamado Dos Hermanos. Por lógica deduje que esto significaba la unión de América del Norte y América del Sur, tal vez un símbolo de la profecía inca del águila y el cóndor, donde los hermanos de todas las razas y las tribus se unirán en paz. Pensé que este sería un refugio seguro hasta la partida del autobús.

Conseguí una mesa cerca de una ventana abierta y me senté, poniendo mi mochila donde tenía el dinero y mi pasaporte en la mesa junto a mi cerveza fría, de manera que podía verla mientras escribía en mi diario. Poco después, una pareja pasó por la ventana y me pareció que estaban mirando mi mochila. Me di cuenta que cualquiera podía alcanzarla fácilmente por la ventana y llevársela, por lo que la moví a una silla al lado mío, más difícil de alcanzar. Si tan solo podía subir al autobús sin que me pasara nada, creía que saldría de este pueblo fronterizo y evitaría las terribles consecuencias que había sentido me ocurrirían aquí. La misma pareja que había pasado por la ventana, regresó y se sentaron en una mesa al frente de la estancia. Me estaba poniendo paranoico con su presencia, pero cuando el mesero se acercó a su mesa me sentí ridículo. Ambos pidieron una inocente taza de sopa. Yo debía estar fabricando este sentimiento de fatalidad porque era obvio que ellos no estaban mirando mi mochila sino que simplemente estaban buscando un lugar donde comer. Incluso tal vez ellos también estaban esperando por el mismo autobús. Me relajé y seguí escribiendo en mi diario. Los trabajadores del restaurante pusieron la música salsa a todo volumen y las cosas parecían estar muy bien en el mundo. Veinte minutos después me volteé para pedir mi cuenta. Mi mochila había desaparecido. La pareja había desaparecido. Corrí hacia afuera, pero no los veía por ningún lado. Casi todo mi dinero, mi pasaporte y el San Pedro también habían desaparecido.

Tenía todavía mi boleto de autobús, así que después de un largo y triste viaje, me encontré en el norte del Perú, en Chiclayo, con cuatro horas de espera hasta la próxima partida del autobús. Me enteré de un museo en el pueblo cercano a Lambayeque y tomé un mototaxi de tres ruedas hasta allá, y empecé mi primera visita a un museo de América del Sur. Recorrí el primer y segundo piso, apreciando las diferentes maquetas de las culturas antiguas y su arte. Por último, subí las escaleras hasta el tercer piso y cuando di la vuelta a la esquina di un grito de asombro: allí delante de mí, detrás de paneles de vidrio de poco más de tres metros de alto, había un maniquí cubierto con una larga túnica a cuadritos. Los colores se habían desteñido, pero lo que me llamó la atención fue el corte del cuello: estilo Nehru. La leyenda debajo decía: INCA. ¡Era el vestuario inca original! Me tuve que sentar por un momento para asimilar todos mis pensamientos, pero para entonces lo sabía con toda seguridad: los espíritus que yo había visto cuando estuve en el Putumayo, vestidos de manera parecida con largas túnicas a cuadritos con cuello estilo Nehru, y los que me habían estado llegando durante mis rituales con el San Pedro y la ayahuasca, no eran producto de una fértil imaginación que se manifestaban por un potente psicotrópico. Eran reales. Mi mente no me había estado haciendo trucos. No había estado alucinando. Nunca había estudiado arte o historia suramericana, por lo que no había forma de que mis visiones pudieran haber estado influenciadas por un conocimiento previo de los miembros de tribus que me habían honrado con sus apariciones en mis visiones en diferentes oportunidades. Aquí, parados frente a mí, estaban sus fantasmas, mostrándose de la misma manera que los había visto antes, pero en el mundo físico, real. Me tomé un tiempo para recolectar mis pensamientos. Ya no había duda, por fin sentí que podía empezar mi aprendizaje con las plantas con toda sinceridad.

DON JOSÉ FÁTIMA

Continuando mi viaje en autobús de regreso a Iquitos, Perú, decidí visitar al maestro de Valentin, un viejo ayahuasquero llamado Don José Fátima, de Pucallpa, Perú. Una compañera de viaje que yo había conocido en el trayecto padecía de un problema médico concreto para el cual ella esperaba que él pudiera encontrar una curación: ella tenía treinta y cuatro años de edad y no había tenido un ciclo menstrual hacía más de trece años. Le habían hecho todas las pruebas alopáticas convencionales posibles en Francia sin llegar ni a la causa ni a la curación. Se lo expliqué a Don José, quien me derivó a su esposa, una curandera que era más que una experta en enfermedades de mujeres. Ella escuchó mi descripción sobre el problema de Gina, y luego preguntó: "¿Me puedes dar un cigarrillo, Alan?" Le entregué uno. "Necesito tres".

Don José Fátima cerró las puertas de la ventana que eran de vidrio, oscureciendo el cuarto. Su esposa vendó tres cigarrillos juntos simulando una zampoña y los encendió. Ella observaba al humo subir que lentamente formaba un remolino, les daba vuelta, girando su muñeca primero hacia un lado, luego hacia el otro. Cayó una ceniza y ella la estudió cuidadosamente. Los cigarrillos se habían consumido hasta más de la mitad y ella volteaba a mirar a Gina una y otra vez, luego miraba las cenizas, hasta que al final preguntó: "¿Conoces a alguien que se llama Sasha?" Nos habíamos estado quedando en Quito, Ecuador con un hombre llamado Sasha y se lo conté a ella. "No, Alan, no se trata de un hombre. Es una mujer, una mujer negra de hace mucho tiempo".

Gina pensó por un momento y finalmente se le encendió el rostro. "¡Sí! Tuve una amiga llamada Sasha muchos años atrás en Francia, una mujer, quizás hace quince años o más". Las dos mujeres se miraron entre sí con esa mirada telepática de la cual los hombres nos sentimos envidiosos.

"Sí, señorita. Esa amiga que tuviste hace años atrás, Sasha, también padecía del mismo problema que tú tienes ahora". Hubo otro silencio largo hasta que finalmente ella entendió. "Pero ella ya no tiene ese problema. Tú sí. Esa mujer te ha quitado la posibilidad de dar a luz. Debes reconectarte con ella. Tienes que ir a verla para hacer esto".

"¿Quieres decir que esa mujer antes no menstruaba y ahora sí? ¿Que ella me quitó eso? ¿A propósito? ¿Es algo así como una bruja?"

La esposa de Don José la miró profundamente a los ojos y le repitió: "Tienes que ir a verla".

Un año después Gina regresó a Francia y, extrañamente, recibió una carta de su antigua amiga Sasha al día siguiente de su llegada: Quería verla. Más adelante, cuando visité a Gina en Francia le pregunté qué había pasado.

"Bueno", titubeó: "No he ido a verla".

Después de una larga pausa, como de nueve meses casi como un embarazo, le pregunté: "¿Pero al menos respondiste su carta?"

"No", dijo ella.

"Gina, yo creo que realmente no quieres volver a tener ese poder".

Volviendo a aquella noche: Gina, el asistente de Don José y yo bebimos ayahuasca en su casa, que quedaba en uno de los barrios pobres fuera de Pucallpa. Don José tenía alrededor de ochenta años de edad y nos contó que ya no bebía ayahuasca. "No es necesario", dijo. Hacía poco que había sido operado de la próstata y los esfuerzos que se necesitan para purgar resultaban muy agotadores para su cuerpo. Más adelante durante el ritual quedé sorprendido al ver que estaba en lo cierto. No necesitaba beber ayahuasca para trabajar durante la ceremonia. Al observarlo era evidente que podía lograr el estado necesario para una sanación usando solamente su mente, un fenómeno que ahora puedo comprender ocurre con los chamanes ancianos que llevan muchos años trabajando con la ayahuasca.

Don José permaneció sentado en una banquita durante toda la ceremonia y yo me senté en el piso de concreto al lado de él. No había llegado ningún paciente, ya que fue a último momento que decidimos realizar esa ceremonia. El asistente empezó a silbar icaros y curiosamente todos empezaron a hablar en voz baja. Su esposa me explicó que no debíamos arriesgarnos a cantar los icaros en voz alta por los ladrones nocturnos; sería peligroso si descubrían que había gringos en la casa, ya que podrían querer robarnos.

Don José estuvo sentado observándome durante toda la noche, por momentos me preguntaba cómo me sentía, lo que me fastidiaba un poco, porque interrumpía mis pensamientos. Como no había lugareños presentes para una sanación, sentí que era mi oportunidad de explorar algunas técnicas que se usan para buscar a los espíritus de animales y quería mantenerme concentrado. Había estado hojeando varios libros sobre chamanismo cuando visité los Estados Unidos y uno de los temas más populares era el de los espíritus de animales. Cada vez que levantaba la mirada para ver a Don José, él me estaba observando. Pensé que tal vez estaba tratando de averiguar cómo se encontraba su estudiante anterior, que era mi maestro curandero con el San Pedro. Esto me pareció más bien gracioso porque no sabía lo que estaba haciendo. Jamás había aprendido sobre los espíritus animales. Me pareció interesante, según uno de los libros que leí, que uno puede encontrar su espíritu animal con tan solo cerrar los ojos y escuchar los tambores. ¡Qué sencillo parecía todo eso! Aun cuando no había tambores, decidí experimentar. Después de dos horas en el ritual levanté la mirada y me vi cara a cara con lo que parecía ser una sustancia blanca lechosa flotando en el espacio frente a mí. Luego de recuperarme de la sorpresa inicial, la estudié, tratando de no quedar bizco durante el proceso. Y luego apareció. La sustancia tomó forma. Se parecía a un coyote. "Te veo" susurré, y pasó rápidamente y parecía que entraba a la cabeza de Don José.

Una vez terminada la ceremonia preparamos nuestras camas en el piso de concreto, al lado de toda la familia de Don José. Estaba cansado, pero no me podía dormir por la conversación interna que no podía callar. Los pensamientos sobre la logística del viaje del día siguiente corrían por mi mente. Y luego un bebé empezó a llorar. Un tanto nervioso y molesto, puse fin a mi diálogo interior y mentalmente empecé a tratar de calmar al bebé. El bebé dejó de llorar, lo que me pareció un poco gracioso, y luego mi mente comenzó a trabajar nuevamente. Cuando mi mente comenzaba a funcionar, el bebé empezaba a llorar otra vez. Mentalmente me calmé, y extrañamente, el lloriqueo paró nuevamente. *¡Qué gracioso!*, pensé. *Tiempo para experimentar.* Di paso libre a mis pensamientos, considerando las diversas opciones para el viaje del día siguiente..., y el bebé comenzó a llorar otra vez. Calmé mi mente y dejó de llorar. Demasiada coincidencia. Repetí esto una y otra vez solo para asegurarme que mi diálogo interior iba siempre acompañado del llanto del bebé y el descanso de mi mente acompañado por el silencio. *Muy extraño,* pensé, hasta que finalmente pude conciliar el sueño.

Nos despertamos agitados en la mañana y Don José me dijo: "Alan, estabas bien concentrado anoche. ¿Qué hacías?"

Me sentí ridículo porque no sabía lo que estaba haciendo, o si él sabía sobre los espíritus animales o si le interesaban. Le expliqué que estaba buscando a mis espíritus animales, y cuando me preguntó: "¿Y encontraste alguno?" me di cuenta que me entendía.

"No, no encontré ninguno, pero vi a uno de los tuyos".

Al tratar de ver su reacción, la familia completa se acercó detrás de él y empezaron a escudriñarme.

Don José solo sonrió. "¿Qué fue?" me preguntó.

"Un coyote," respondí. Y al bajar la cabeza en señal de afirmación, su familia se tornó más eufórica, diciendo "¡Sí! ¡Sí!"; incluso uno de los niños empezó a aplaudir.

EL BREBAJE DE DON FERNANDO

Después de visitar a Don José Fátima, seguimos hacia la parte sur del Amazonas para visitar a otro curandero, Don Fernando, quien tenía un campamento cinco kilómetros adentro de la selva de Requena, donde dirigía programas para turistas sobre la ayahuasca. Gina había estudiado allí durante tres meses dos años antes, bebiendo ayahuasca, y al igual que otros turistas, esperaba tener experiencias visionarias. Sin embargo, en todos los rituales con Fernando en los que ella había participado no había sido agraciada ni siquiera con algo que se pareciera a una alucinación, mucho menos una visión, lo que parecía no molestarle, pues según me contó sintió que la experiencia fue "de profunda meditación y muy purificadora".

Cuando vivía en Iquitos, yo había escuchado que Don Fernando cocía una ayahuasca extremadamente fuerte, aunque un tanto recargada de la planta que contiene betacarbolinas, por lo que yo estaba ansioso de beber con él. Nos invitó personalmente a Gina y a mí a su campamento.

Requena es una comunidad de mestizos de tamaño mediano, pero empobrecida, de tal vez setecientas personas, a diez horas de camino hacia la parte alta del Amazonas desde Iquitos en una canoa a paso lento. Pasamos la noche con una familia peruana del lugar y a la tarde siguiente caminamos con Don Fernando y su pareja cinco kilómetros adentro de la selva hasta su campamento. Durante la caminata Don Fernando nos entretuvo contándonos algunas de las alucinaciones más extrañas que los gringos habían tenido en sus rituales. También nos explicó que le parecía poco honesto cantar icaros que habían sido memorizados de otros maestros en sus rituales, a menos que él lo hubiera pedido de manera expresa; era su manera sutil de decirme que no cantara nada.

Había invitado a algunos vecinos de Requena para beber con nosotros, y dieciocho personas se presentaron. Bebimos su brebaje en la choza más grande de su campamento y la mejor ubicada, sentados alrededor de las paredes del perímetro interior, escuchando en silencio los icaros que él maravillosamente tocaba con una zampoña, que se alternaba con el rasqueteo de un instrumento de una sola cuerda, parecido a la guitarra. Era todo un artista, un animador y me hizo pensar más en el teatro que en el curanderismo. Bebí dos vasos pequeños de la purga y la tarde resultó ser más bien cómica, porque la mayoría de los lugareños se quedaron dormidos a alrededor de las cuatro de la mañana, después de haber vomitado y evacuado con esfuerzos que iban desde un suave fortissimo como de una dama, hasta la sonoridad grave de una tuba como de un hombre, lo que produjo una síncopa en ritmo de marcha. Esa noche, escuché toda una sinfonía de regurgitación en la más completa oscuridad psicotrópica. Fue una experiencia agradable, sin la seriedad que normalmente reina cuando las personas vienen para una sanación. Por ello, me sentí agradecido por la noche y de Don Fernando, y los vecinos del pueblo que lo conocían sintieron lo mismo. Al romper la mañana se les escuchaba riéndose alegremente y conversando en forma animada mientras se bañaban en un riachuelo cercano.

Ahora ya éramos cuatro: Don Fernando y su pareja, Gina y yo. Desayunamos en su cocina al aire libre una pesada sopa de frijoles que no estaban bien cocidos, e intercambiamos opiniones sobre el espectáculo de la noche anterior. Gina y Don Fernando tuvieron la oportunidad de ponerse al día, ya que no habían podido conversar, pues hacía cinco meses que ella había dejado el refugio de Don Fernando en la selva.

Don Fernando regresó a Requena y nos invitó a quedarnos en el campamento si lo deseábamos. Justo antes de partir le dio a Gina una botella de ayahuasca para que la consumiéramos esa noche. Nos contó sobre los dos espíritus que continuamente lo acompañaban y sobre aquellos que resguardaban su campamento. Nos sorprendió mucho esta conversación. Parecía que me decía esto porque pensaba que yo pudiera haber percibido eso durante el espectáculo de la noche anterior, o tal vez había escuchado cosas raras sobre él cuando visitaba a otros curanderos. Pensé que también podía ser su manera de asegurarse de que tratáramos su campamento con respeto después de su partida. Nos relató una historia emotiva de cómo en una ocasión le había pedido a estos espíritus que resguardaran su campamento para prevenir que los leñadores talaran en su propiedad. Cuando la empresa empezó a talar cerca de su propiedad, dos de los leñadores murieron aparentemente en formas extrañas, lo que él explica como resultado directo de la acción de sus espíritus guardianes. Parecía estar bastante deprimido por lo ocurrido, pues lo única que deseaba era que los leñadores dejaran de talar. No podía comprender que los espíritus causaran la muerte de alguien, o que en realidad lo hubieran hecho. Poco después de la lenta muerte de uno de los leñadores a causa de una enfermedad debilitante, que los doctores nunca lograron determinar, el segundo leñador llegó a una fiesta en casa de Don Fernando, sin ser invitado. El hombre bailó, se tomó unos tragos y se fue sin decir nada sobre la muerte de su amigo. Estaba tratando de hacerse amigo de Don Fernando. El hombre dijo en su conversación que solo trabajaba para la empresa de tala y que no tenía la autoridad para decidir dónde talar. De manera sutil, estaba intentando implorar por su seguridad sin sugerir de manera directa o consciente que un brujo pudiera haber intervenido en la muerte de su amigo, o estaba negando la posibilidad de que energías espirituales malignas pudieran ser las responsables.

Don Fernando explicó: "Yo no tengo control sobre estos espíritus. Es cierto que ellos son malignos y por alguna razón increíblemente protectores de mí. No hay nada que yo hubiera podido hacer para ayudarlo, aun si esos espíritus hubieran sido los responsables".

Este hombre también murió pocos meses después en un extraño accidente con una excavadora. Don Fernando me contó que estaba triste, pero que estos hechos escapaban a su control. Parecía totalmente sincero cuando relataba esta historia, pero por la misma razón que había sido tan extraña yo no estaba seguro de lo que él me estaba tratando de decir con exactitud. ¿Acaso estaba insinuando que era un brujo?, ¿que tenía espíritus que resguardaban su campamento?, ¿que dos espíritus permanecían siempre a su lado? Acepté esto con facilidad, ya que yo también tengo mis propios espíritus guardianes. Los he sentido, he sido contactado por ellos y mi maestro del San Pedro incluso los vio durante los rituales. Pero no podía creer que estos espíritus en realidad pudieran matar.

Luego dijo que Gina debía tener cuidado con quién ella bebía. Nos advirtió que era posible que hombres se le acercaran en forma de espíritu en un intento de tener sexo, y que ella debía considerar esto como un hecho real y prevenirlo con total concentración.

Esa noche Gina y yo bebimos una dosis grande de la botella que él nos había dejado y entramos a la choza grande para conferencias, y colocamos un colchón en el centro de la sala. Nos pusimos cómodos, acurrucándonos debajo de dos frazadas. La noche empezó a caer lentamente y empecé a cantar; entonaba los icaros que había aprendido de mi maestro Valentin. Después de aproximadamente una hora, la medicina produjo su total efecto. Gina, que estaba sentada sobre el colchón a mi derecha y ligeramente detrás de mí, empezó a tener una conversación. Dejé de cantar, porque pensé que me estaba hablando a mí, después de todo éramos los únicos que estábamos allí.

"¿Qué pasa Gina? ¿Qué quieres?"

"Sigue cantando, Alan. No estoy hablando contigo".

"¿No me estás hablando a mí? Entonces, ¿A quién le estás hablando?"

"Alan", me reprendió, "a las otras personas del pueblo que están aquí bebiendo con nosotros".

"¿Otras personas del pueblo?" le pregunté. "¿Cuántas personas más hay aquí, Gina?"

"Bueno, no sé exactamente, pero pienso que alrededor de veinte. Mira tú mismo a tu alrededor".

Pero no había nadie más. Sabía lo que ella podía estar viendo y le expliqué que se trataba de espíritus de personas, que no eran personas de carne y hueso. Ella solo se rió de esto. "Alan, por favor: ¿puedes dejar de burlarte?"

Empezó a caminar alrededor de la sala grande, haciendo gestos como si estuviera atravesando puertas invisibles y entrando a cuartos que no existían allí. Casi de manera agradable, por cierto, empezó a mantener dos y hasta más conversaciones al mismo tiempo con personas que no estaban allí, hasta que al final llegó a la esquina oscura de la sala grande y empezó a tener una larga conversación con dos personas que yo empezaba a ver ahora, una de las cuales tenía un largo manto negro con capucha. Pude entrever su rostro y noté que era de color blanco como la leche. Yo estaba preocupado; pensé que era muy posible que hubiera un esqueleto debajo de la capucha negra, ya que no pude evitar asociar fuerzas negativas a la ropa negra. No tenía otra opción. Tenía que actuar como si se tratara de una situación peligrosa, especialmente después de la conversación que había tenido con Don Fernando durante el desayuno. Le pedí a Gina que regresara de inmediato al colchón.

"Siéntate aquí conmigo, por favor", le dije.

"Me encantaría sentarme aquí contigo por un rato, pero tienes aquí", y ella empezó a contarlos: "una, dos, tres..., ocho personas más en el colchón contigo. Sencillamente no hay más espacio, Alan," dijo en forma agradable.

Al final, le ordené que se sentara conmigo, y para apaciguarme ella se sentó en el colchón. Mientras se hacía un espacio al lado mío, le pregunté por los "amigos" con los que había estado conversando en la esquina de la sala. "Sí, son dos", que era lo que yo había visto. Cuando le pedí que me los describiera, ella lo hizo, pero no dijo nada sobre el rostro del esqueleto. La ropa, sin embargo, era idéntica a mi descripción. Estábamos viendo lo mismo. Pero ¿en cuanto a su capacidad de hacer daño? Era mejor prevenir que lamentar, especialmente después de que habíamos escuchado la historia que me contó Don Fernando.

"Gina, por favor, escúchame. Yo veo a las mismas personas, pero tienes que darte cuenta que no son de carne y hueso; son espíritus. Y esos dos con los que hablabas en la esquina. Son espíritus malignos. ¿Entiendes? Les voy a pedir que se vayan y tú ya no vas a regresar a esa esquina, ¿está bien?"

Tenía una expresión inocente y de asombro en su rostro. Se estaba comportando como una niña, por lo que le hablé como tal.

"Está bien", dijo ella.

Me levanté del colchón y en forma nerviosa caminé hacia la esquina oscura. No tenía la menor idea de lo que iba a hacer, pero cuanto más me acercaba, me venía un instinto natural. Con un fuerte gesto de mano y en voz alta grité: "¡Váyanse!". Les pedí que se fueran. No los volví a ver, por lo que aparentemente entendieron el mensaje. Regresé al colchón y me mantuve vigilando a Gina mientras yo seguía cantando icaros.

Pero ella no podía quedarse sentada tranquila. La vi que empezó a caminar alrededor de la sala nuevamente, abriendo muchas puertas que no existían, pasando por un laberinto de cuartos que no estaban allí. Finalmente, regresó conmigo. Se comportaba de manera extraña, como una niña con los ojos desorbitados en su primera visita a Disneylandia. Empecé a perder la paciencia con ella.

"Alan, ¿desearías comer algo? Ellos nos han preparado una comida. Está caliente".

"Aquí no hay ninguna comida", le dije bruscamente.

Y como una niñita tonta me dijo: "Por supuesto que hay, ellos la acaban de preparar. ¡Está lista!"

"Está bien, tráeme un poco".

Yo esperaba que tratar de traerme la comida la ayudaría a regresar a la realidad. Regresó al colchón sin comida, por supuesto, y sumamente confundida. Describió la cocina, a la amable mujer que le había entregado la comida caliente, pero cuando estiró las manos para recibirla, estas atravesaron la bandeja. Ella no podía entender lo que estaba ocurriendo. Nuevamente le expliqué que estos eran espíritus, y no personas reales, pero ella no podía entender esto. La expresión en su rostro era de total confusión, un poco asustada, pero sobre todo triste, ya que sintió que estaba siendo manipulada de alguna manera por sus nuevos amigos en un chiste cruel.

"Alan, hay más amigos míos allá afuera. Está lloviendo y hace frío. ¿Puedo abrir la puerta y dejarlos entrar?"

"No, no puedes".

"Tengo una amiga cuyo papá ya está en camino para recogerla. ¿Al menos ella puede entrar?"

"No. No puedes dejar entrar a nadie más a este cuarto".

"¿Puedo ir al baño?"

La ayahuasca normalmente te hace purgar por ambos lados, lo que no habíamos hecho todavía, entonces encendí una lámpara de aceite, cuya base era un pequeño tarro de café con una mecha que salía por un hueco que había sido picado en la tapa de aluminio, y la llevé afuera, hacia la rampa que estaba sobre el pequeño lago que se había formado con el agua desbordada del arroyo, y finalmente al baño de afuera. Luego empezamos a regresar. Al llegar abrí la puerta para que Gina entrara y cuando volteé a verla, ella había desaparecido en la total oscuridad de la noche nublada y sin luna.

"¡Gina!" grité.

"¿Sí?" Ella estaba a tan solo nueve metros de mí, pero en una rampa a la orilla del charco más profundo de aquí.

"¿Qué estás haciendo?"

"Este hombre de aquí quería que le hablara por solo un momento", dijo ella.

"¡No, ven aquí, ahora mismo!" y vino de inmediato. Por último, me escuchó y me creyó a mí en vez de a los espíritus. Si no lo hubiera hecho, no sé qué hubiera pasado. Tal vez se hubiera ido a dar vueltas y se hubiera ahogado, o se hubiera metido en la profundidad de la selva a medianoche, un lugar sumamente peligroso a esa hora.

Alrededor de las cuatro de la mañana decidimos ir al segundo piso para dormir un poco. Al momento que entré al mosquitero, ella vio otra cosa.

"Siento molestarte otra vez, pero ¿podrías decirle a ese hombre que se vaya? Me da miedo y no me gusta".

Era la primera en toda la noche que dijo que estaba asustada. Lo describió como un hombre alto con brazaletes y un taparrabos con un listón en la parte de atrás, con una flecha apuntando hacia nosotros. Estaba aterrorizada y yo también. Yo sabía que los espíritus podían ser algo más que simples alucinaciones, e incluso si se trataba de alucinaciones, el daño psicológico que podían causar podía ser perdurable. Le ordené al espíritu que se fuera en español: ¡Váyase! No sabía qué más hacer.

"¿Todavía está él aquí?", le pregunté.

"No. Ya se fue", me respondió.

Toda la noche le creí por completo sobre las visiones que ella vio, las acepté y respondí a ellas. Parecía que no tenía otra salida. Observé sus maniobras para entrar y salir de un laberinto de salas toda la noche. La vi y escuché conversar e interactuar con personas que no estaban allí. Quería protegerla, pero no estaba seguro de saber lo suficiente para ser de real ayuda. Solo esperaba que esa noche fuéramos protegidos, ya que yo seguía cantando los icaros y temía que si esto no era suficiente, podíamos estar perdidos; podíamos estar en una situación fuera de nuestro control y en algún tipo de problema que yo no podía comprender en aquel momento.

Trepamos nuevamente bajo el mosquitero y más o menos intentamos dormir, pero era imposible. Regresamos al primer piso cuando la tenue luz del sol empezaba a filtrarse en el espacio, pareciendo sacar afuera a los espíritus malignos y dándole a Gina suficiente lucidez, porque ella empezó a entender lo que había pasado, pero estaba preocupada de que no pudiera regresar por completo. Me volví a sentar sobre el colchón en el centro de la habitación, mientras ella daba vueltas contemplando la vista de la selva y la luz del sol le traía mayor claridad. Luego, a plena luz del día, se me acercó y, con gran asombro, me contó que había visto a dos mujeres ancianas debajo de la frazada conmigo. No estaba tan perdida como antes, porque el brebaje ya había pasado por todo su sistema, pero todavía había suficiente residuos en su cuerpo como para que ella todavía tuviera acceso a ese otro mundo, incluso a plena luz del día. Estaba lo suficientemente consciente como para comprender que se trataba de espíritus, y que tenía la capacidad de seguir viendo en esa realidad. En forma lenta y firme, mientras la mañana hacía su entrada, ella se acercó. Alrededor del mediodía hicimos nuestra excursión de cinco kilómetros de regreso a la cordura: al río Amazonas y a Requena.

Creo que si no hubiera sido por su carácter fuerte, ella hubiera podido sufrir un daño psicológico irreversible debido a esa extraña experiencia. Pasamos todo el día conversando sobre eso, recordando todas las cosas que ocurrieron durante la noche, lo que le ayudó a procesar toda la experiencia. Al hacer eso, y conservar toda su lucidez, sin paranoia, sintió que volvía a estar completa.

Pasaron dos semanas antes de que pudiera preguntarle a Don Fernando sobre su brebaje. Le pregunté sobre el uso de la datura y qué cantidad había puesto en esa preparación. Insistió en que la potencia del brebaje se debía al tipo de liana de ayahuasca. Dijo que era ayahuasca negra y chacruna y que no tenía nada de datura. Me doy cuenta de que entre los aproximadamente 4,500 curanderos que hay en esta región de la selva peruana llamada Loreto, existen muchos secretos, especialmente cuando se trata de la medicina. Sin embargo, esta preparación no era lo que yo llamaría medicina. Era evidente que a la mezcla de *Banisteriopsis caapi* y *Psychotria viridis* le habían agregado otra cosa. Por lo que sé, la adición de la ayahuasca negra, que supuestamente es un tipo de liana de ayahuasca mucho más potente, solo ocasionaría la presencia de más harmalina y harmala, no de más DMT, que es un compuesto psicodélico que pertenece a la familia de la triptamina. Las betacarbolinas presentes en la liana de ayahuasca aumentan los niveles de la serotonina. Esta es la razón por la que años atrás cuando al *trastorno bipolar* se le llamaba *maníaco depresivo,* los doctores recetaban betacarbolinas a las personas que padecían de estos trastornos mentales. La mediavida del DMT en tu sistema es de máximo cuatro horas. Nuestro ritual empezó a las 6:00 p.m. y terminó a las 6:00 a.m., doce horas después. Sabía que Don Fernando jamás me diría qué fue exactamente lo que le agregó a su brebaje. Recordé el consejo que me había dado Valentín cuando partí hacia el Putumayo: "Ten cuidado con quien bebes y además nunca bebas más que ellos".

Cuando uno bebe solo, especialmente sin la presencia del curandero que preparó la medicina y que es dueño del lugar donde se realiza el ritual, uno mismo tiene que arreglar el espacio para la ceremonia. En América del Norte, los curanderos usan el humo de la salvia para limpiar las energías. En América del Sur el método típico es quemar palo santo. El tabaco de mapacho también funciona. Esto no solo sirve para preparar el espacio ceremonial, limpiándolo de cualquier espíritu que pudiera estar "anidando" allí, sino que le ayuda a uno a situarse en el estado psicológico adecuado por el hecho de haber seguido estos pasos. Sabía todo esto cuando bebí el brebaje de Don Fernando. Solo que me descuidé en ponerlo en práctica. Así como una madre aconseja a su hijo no hablar con extraños, ten cuidado cuando tomes brebajes preparados por personas que no conoces. A veces romper las reglas puede resultar peligroso.

EL PODER DE LOS ICAROS

Hace tan solo un pocomás de quinientos años que el mundo occidental no hizo otra cosa que destruir las grandes naciones de las Américas. No lo habrían logrado solamente con la fuerza de las armas, sino que por alguna razón profana, las enfermedades y los miedos acabaron con culturas que hubieran sido magníficas. Y ahora ha empezado una nueva era. Nos persigue el deseo de volver a juntar todas las piezas del rompecabezas que aún se pueden encontrar, el hecho de que de alguna manera podamos ver brevemente lo que fue y lo que aún puede ser. La pieza más misteriosa y apreciada es el sanador, o curandero. Su forma ancestral de sanar incluye el conocimiento del misticismo y la medicina con el espíritu de las plantas que tal vez nunca serán comprendidas por la medicina moderna basada en la ciencia.

Hay una gran cantidad de literatura disponible sobre misticismo, chamanismo, hechicería, magia, brujería, entre otros, que se basan generalmente en experiencias personales y que hasta ofrece información bastante precisa sobre cómo encontrar los diferentes lugares y maestros e incluso las fórmulas exactas necesarias para convertir una planta sagrada de poder en un enteógeno. Es alarmante y hasta peligrosa esta facilidad de acceso a las fórmulas místicas enteogénicas. Tomar cualquier tipo de medicina que altere el estado de la mente sin ninguna instrucción básica preliminar y sin una investigación controlada, puede ocasionar que el cuerpo sea poseído por energías desconocidas, estados mentales psicóticos permanentes e incluso la pérdida del alma.

Cuando estás bajo la influencia de las plantas sagradas de poder, te haces vulnerable a ser poseído, lo cual puede ser muy peligroso, pero lo más importante, tú esperas que la planta se te manifieste y te permita comprender su poder y aprender a usarla como una medicina para sanar. Tal como el término *planta sagrada de poder* lo indica, estas deben ser consumidas con el propósito de aprender las capacidades medicinales y curativas que tienen por la energía de la Luz y los espíritus de las plantas.

Por fascinantes que parezcan las historias sobre experiencias visionarias sobrenaturales que aparecen en varios libros y revistas, esto es algo que indudablemente no se debe tomar a la ligera. Las energías y los espíritus negativos pueden atarse a ti y resultar muy difícil sacarlos, incluso con la ayuda de un curandero. A muchas personas les gusta hacerse pasar por chamanes, pero es importante saber que el simple hecho de haber memorizado los diversos icaros y cantarlos en rituales improvisados, no es suficiente, y que hasta puede causar más estragos al proporcionarte un sentido de seguridad falso. Las vibraciones que se producen al cantar los icaros deben venir de un centro espiritual que está dentro de ti, con un propósito tan puro que tu esencia emita la Luz. También te recomendaría que si decides actuar como chamán, lo hagas en presencia de tu maestro chamán, un verdadero sanador que ha aprendido la mayor parte de sus icaros de las plantas mismas.

En la disertación doctoral del antropólogo Luis Eduardo Luna *Vegetalismo: Shamanism among the Mestizo Population of the Peruvian Amazon [Vegetalismo: El chamanismo en la población mestiza de la Amazonía peruana]*, él escribe: "Se cree que la palabra icaro es un préstamo del verbo quechua *ikaray,* que significa 'soplar humo' con el propósito de sanar. Este término es usado en varias regiones de la

Amazonía peruana entre los mestizos y entre los grupos étnicos del Ucayali. Los vegetalistas de Iquitos y otras regiones de la Amazonía peruana también usan el verbo *icarar,* que significa cantar o silbar un icaro sobre una persona, un objeto o una preparación, para darle poder.

Las melodías mágicas conocidas como icaros se le enseñan al curandero generalmente cuando este se encuentra bajo la influencia de una de las muchas plantas sagradas de poder enteógenicas. Los espíritus de las plantas literalmente se le revelan al curandero y le enseñan la melodía y las palabras de canciones de sanación y de bendiciones. Los espíritus también le informan al curandero sobre el propósito específico de la canción, porque puede ser usada para la suerte, el amor, un alma perdida, sanación física, o incluso para controlar y mejorar las visiones que se reciben. Existen miles de icaros y aparentemente hay una competencia entre los curanderos sobre quién ha memorizado el mayor número de ellos. Algunos incluso creen que cuanto más canciones uno sabe, más poder tiene, aun cuando la mayor parte de las canciones que uno sabe las ha aprendido de diversos maestros. He visto curanderos encubiertos visitando los rituales de otros sanadores con el único propósito de robarles sus icaros.

Los icaros pueden llegarte en sueños o durante un ritual. En el estado de sueño tu visión no es opacada por eventos del estado de vigilia real; tu mente está más calmada y tu ego no está presente. Sea que los espíritus te hayan concedido un icaro en tu estado de vigilia o en tus sueños, hay algo que parece ser constante: recuerdas el icaro sin que este tenga que ser repetido una y otra vez. Los lenguajes en que se da un icaro pueden ser increíblemente complicados y pueden contener más de un idioma.

Cuando el viejo ayahuasquero siona en el río Putumayo me dio su armónica, inmediatamente empecé a tocar el icaro que él cantó en su ritual. Me escuchó atentamente mientras yo lo tocaba repetidas veces hasta que supo que yo había captado la melodía básica. Luego me detuvo para explicarme que el secreto yacía más en el patrón de las vibraciones que en la melodía misma. Volví a tocar el icaro repetidas veces hasta que me aseguró que yo estaba captando la idea.

Mi Maestro de ayahuasca me ha dicho que no me preocupe demasiado en tratar de memorizar las palabras de un icaro, ya que es más importante poder cantarlo con la resonancia y vibración correctas. Los icaros de los curanderos maestros son bastante difíciles de aprender porque en la mayoría de los casos hay una mezcla de diferentes idiomas en una misma canción. Un icaro puede estar en quechua, español, y alguna de las muchas lenguas nativas que existen. Incluso uno de mis maestros me contó que intencionalmente él había creado algunos de sus icaros casi imposibles de memorizar, porque curanderos inescrupulosos disfrazados se habían presentado en sus rituales y le habían robado varios de estos. Es una gran falta de respeto a tu Maestro que aprendas sus icaros y que en algún momento se los cantes.

Durante el aprendizaje usualmente se te pide que susurres al aire las melodías de tu Maestro mientras él canta. Con esto le demuestras no solo que le estás prestando atención, sino que le estás dando el respeto que merece cuando está trabajando. También puedes cantar con él en voz baja los icaros, pero nunca en voz tan alta que tu sonido se imponga al de él. Recuerda, el poder recitar en forma automática los icaros de tu Maestro no te convierten en un Mozart, pero ¿de qué otra manera puedes aprender? Puede llegar el momento en que tú mismo empieces a ganar acceso a los espíritus de las plantas y en consecuencia recibas tus propios icaros.

Los icaros tienen gran poder y su fuerza es solamente para ti. Muchos sanadores de las tribus llaman a los jóvenes de su comunidad cuando cumplen los doce años de edad o más para beber ayahuasca o alguna otra planta sagrada de poder. A la mañana siguiente el curandero le pregunta a cada niño sobre sus visiones de la noche anterior. El curandero se queda con el niño que dice que ha visto los espíritus de las plantas y le enseña; solo unos cuantos de estos niños serán capaces de resistir los sacrificios que implican los años de aprendizaje que al final lo convierten en un curandero. Muchos de los jóvenes caen en la brujería, un camino mucho más fácil que el del verdadero sanador.

Insisto; tus icaros verdaderos te llegan directamente de los espíritus de las plantas. Son la base de cualquier poder de sanación. Sin embargo, los icaros de tu Maestro deben ser suficientes para ti hasta que llegue el momento en que los espíritus de las plantas decidan que es tiempo de enseñártelos, porque al final tu verdadero Maestro no es el curandero, sino los espíritus de las plantas. Cuando deciden que les agradas, se quedarán a tu lado para siempre y nunca te fallarán. Debes aprender a trabajar con ellos, y tal como Valentin me dijo en una oportunidad, debes poner más energía en los cánticos y cantar durante toda la noche para mantenerte fuerte. No se trata solo de tomar estas medicinas y esperar que ocurran cosas. Debes ser un participante activo, un guerrero, para mantener la fuerza del bien en tus visiones. Si no lo haces, fuerzas, agentes externos, efectos y alucinaciones negativos pueden meterse en tu subconsciente.

Si memorizas un icaro que has aprendido de un curandero, solo podrás recitarlo, y el poder del icaro reflejará eso también. Sin embargo, este es solo el principio y esto no debe detenerte a continuar tus estudios. Es difícil encontrar buenos maestros, por lo que cuando cantes los icaros debes centrar tus energías en mostrar un alma pura, humilde, compasiva, llena de gracia, adorable, sin ego y respetuosa tanto por el icaro mismo como por el Maestro de quien vino. Lo ideal sería que aprendas los icaros de los espíritus de las plantas. Sin embargo, son ellos los que deciden cuándo, dónde y si se te otorgará ese don. Tal poder lo reciben solamente aquellos a quienes se les ha mostrado el camino. No es suficiente tener el deseo de ser un sanador; tienes que haber recibido este don para que lo puedas hacer correctamente. Es posible que esta entrega llegue después que el alumno haya estado estudiando, ya que los espíritus de las plantas pueden decidir enseñarte en cualquier momento. El poder de trasmitir la Luz mediante los cantos viene de tu alma, que se convierte en conductora de la planta. Cuanto más puro sea tu espíritu, y te encuentres "más sano" físicamente, los cantos y su protección serán más poderosos y mayor será la posibilidad de que seas usado por las energías del bien. Porque sin duda alguna: aquí hay por lo menos dos fuerzas espirituales actuando. Por lo menos dos.

DON JUAN TANGOA, AYAHUASQUERO

Mirar hacia la selva siempre me hace sonreír. Es llegar a casa. Por más que me gustara Quito y mis amigos de allá, yo seguía anhelando el "infierno verde", como lo llamaba mi Maestro. Al ver el Amazonas y los más pequeños afluentes serpenteando debajo de mí y la gran superficie verde que se extiende hasta el infinito, siento que me estoy tapando hasta la nariz con una frazada tibia. Iquitos, Perú: yo había regresado, y era bueno estar de regreso en casa.

Al primer día de mi regreso conocí a una mujer llamada Laura, una gringa de Holanda que acababa de abrir una tienda de artes y manualidades justo en el centro de la zona turística. Tenía su tienda muy bien arreglada, con diferentes artículos tanto de la selva como de los Andes. Le iba bien y recientemente se había mudado a la casa de un curandero que vivía a las afueras de Iquitos y era su Maestro, según me contó. Estaba muy a gusto con la comodidad y la seguridad de vivir con una familia, en especial con una que tenía un ayahuasquero, ya que estaba buscando sanación emocional. A la mañana siguiente, luego de escuchar cosas muy buenas sobre este hombre, decidí visitar su casa con la esperanza de conocerlo, y resultó ser el mismo curandero de quien yo había recibido medio galón de ayahuasca para llevárselo a Valentin en mi último viaje a Iquitos. En aquel entonces, él me había sugerido que cuando yo regresara de Quito, fuera a estudiar con él. Ahora, Laura también estaba allí.

Don Juan Tangoa, ayahuasquero, era su nombre. Era un sanador y especialista que trabajaba con la ayahuasca. Venía tomando la ayahuasca desde que tenía trece años de edad. En esa fecha tenía apenas cuarenta y tres años, bastante joven para ser un curandero, pero se podía notar por la mirada en sus ojos que era un hombre con dones. Organizamos un ritual para tres noches más tarde.

Llegué a casa de Don Juan acompañado de Laura. Él había construido una pequeña cabaña al lado de su casa estilo selvático, que usaba para sus ceremonias con la ayahuasca. Su casa estaba hecha de manera simple, con madera barata, techo de paja y piso de tierra. Estaba ubicada en una zona del pueblo cercana al aeropuerto. Laura me contó que Don Juan nunca antes había aceptado a un aprendiz de manera oficial, y que para él ofrecerme esto a mí era algo bastante raro. Me dijo que en el pasado había querido preparar a algunos aprendices, pero los hombres a los que trató de enseñar enseguida empezaron a competir con él, por lo que al poco tiempo dejó de intentarlo.

Don Juan salió de su casa para reunirse con nosotros. Era un hombre atractivo, en buen estado físico y de sus ojos irradiaba una luz vibrante y alegre. Me pidió que me sentara siempre a su derecha cuando estuviéramos juntos en una ceremonia. Esa silla era reservada para su aprendiz. Yo sería el primero en beber, por si él tenía que consultar algo conmigo; yo estaría allí de manera que pudiéramos hablar en voz baja entre nosotros. Le encantaba conversar especialmente sobre sus días en Camboya cuando él, junto a otros combatientes de la selva peruana, habían sido contratados para ir allá y ayudar a liberar a cualquier prisionero estadounidense al terminar la guerra en Vietnam. Le habían disparado dos veces cuando era mercenario y fue así como llegó a conocer Filadelfia, o por lo menos el hospital de allí, donde se recuperó y lo enviaron después nuevamente al Perú. Nunca le pagaron por ese trabajo, por lo que estaba enojado con los Estados Unidos. *Bienvenido al club,* pensé yo.

Me senté al lado de Don Juan y Laura se sentó en su colchón de acampar al lado de la puerta. Don Juan me explicó que el asiento de ella era un lugar de importancia durante la ceremonia; era fundamental mantener esa área bien resguardada para evitar que energías malignas entraran al lugar. El único otro accesorio era una toalla blanca que él colocaba alrededor de sus hombros. Antes de empezar la ceremonia se puso la toalla sobre la cabeza dejando ver tan solo su rostro, lo que lo hacía parecerse a un santo. Laura me dijo que era costumbre comprar un paquete de cigarrillos para los curanderos antes de cualquier ceremonia, lo que yo ya había hecho. Compré un paquete de cigarrillos de marca Lucky Strike. Aun cuando el tabaco de ese lugar no tenía químicos y yo tenía varias bolsas de tabaco de la marca American Spirit, él prefirió los cigarrillos gringos, más suaves y empacados. Empezó a bendecir uno de los cigarrillos soplando un icaro con este, luego lo encendió y comenzó a soplar humo en el contenedor de casi dos litros donde estaba la ayahuasca.

Esta ceremonia era especial. No se le había informado a la comunidad, por lo que nadie más se presentó para una sanación. Era para saber si él y yo podíamos trabajar juntos o no. Me hizo algunas preguntas para averiguar qué experiencia yo tenía y luego me sirvió una taza llena hasta el borde. Me la tomé rápidamente y esperé que su medicina tuviera la potencia que yo deseaba porque el sabor era tan horrible que odiaría tener que tomar otra taza. Siguió Laura, y luego bebió Don Juan.

Don Juan se comportaba como un sanador, un verdadero chamán. Era obvio que era un hombre muy espiritual. Estaba aquí para sanar, trataba a los vecinos de su comunidad y a las personas que venían a él de otras comunidades lejanas, porque sufrían de enfermedades que no podían ser curadas en sus propias comunidades. Si tenían dinero para pagar por la sanación, estaba bien. Si tenían un pollo para intercambiarlo, también estaba bien. Si no tenían nada, igualmente él hacía lo que podía por ellos. Era impresionante.

Nos sentamos allí a esperar que la ayahuasca hiciera efecto; él empezó a cantar y esto hizo que de inmediato yo prestara total atención. Don Juan tenía una voz muy dulce y suave, y su dominio de los icaros era impresionante. Siguió cantando, un icaro tras otro, y en ocasiones encendía otro cigarrillo entre icaros. Me hizo sentir bastante cómodo con respecto a mi elección de mi nuevo Maestro.

A la mañana siguiente conversamos sobre lo que él requería de un aprendiz: aceptar sus prácticas y su sistema de creencias sin cuestionar nada; arreglar el lugar donde se llevaría a cabo la ceremonia; ayudar en la preparación de la ayahuasca y conseguir los ingredientes necesarios para su preparación; lealtad absoluta; y no beber con otros curanderos ni comentar con nadie más que con él sobre los secretos de sus brebajes o sobre sus métodos de sanación. También recalcó que yo debía seguir al pie de la letra sus exigencias dietéticas, que incluían abstenerse de sexo por un mínimo de cuatro días antes y después de cada ritual. Yo tenía que susurrar al aire los icaros que él cantara durante la ceremonia para demostrar que le estaba prestando atención y que estaba tratando de aprender y de memorizar los icaros sin quedarme dormido durante la ceremonia, y mantenerme concentrado en todo momento en los casos de sanación que se presentaban, y en general mantenerme cerca de él para cuando me necesitara.

Esto era exactamente lo que yo quería, reglas definidas. Le dije a Don Juan que a mí me gustaba la ayahuasca fuerte y él me indicó que yo podía beber toda la ayahuasca que quisiera. Esto era diferente a lo que me había dicho Valentin, que no quería que yo bebiera más que él. Fue entonces que supe que yo podía trabajar con Don Juan. Era un sanador bastante serio y a la vez un hombre encantador, el ingrediente fundamental para ser un curandero exitoso. Nunca pedía dinero y yo sabía esto. Nunca se habló de ese tema. Sin embargo, los días siguientes yo compartí los gastos, comprando comida para los niños y la familia mientras viví allí.

Pocos días después me mudé con Don Juan y su familia. El lugar estaba bastante apretado y por las noches la única privacidad que yo tenía era un simple mosquitero que colgaba alrededor de mi cama. La casa consistía en dos cuartos: la cocina y el dormitorio. En el dormitorio habían cuatro camas, y dormir de a dos era normal: Don Juan y su esposa, Leonor, con la primera hija de Leonor, Gabiche, en su cama; la hija mayor de Don Juan (de su primera y difunta esposa), Consuelo, y su hija de dos años de edad, con su hermana menor, Rocío, en otra cama; y Willy, el hijo de Don Juan, y su primo en otra cama. La ropa estaba colgada en clavos de cuarenta centímetros clavados en los tablones que formaban las paredes de la choza. Dos perros con una camada de cachorros recién nacidos vivían afuera, junto a veinte pollos, dos pavos, dos cerdos y gallos de pelea. No hace falta decir que era un lugar muy pequeño para una familia tan grande, pero parecía que nadie pensaba en eso. Esta era mi casa ahora y ellos me aceptaron como parte de la familia desde el primer día en que llegué.

La familia aprendió mi nombre rápidamente y las mujeres se acostumbraron a agregar mi ropa sucia a los bultos de ropa que lavaban a mano todos los días. Era una familia feliz y con frecuencia escuchaba sus risas desde que me despertaba por la mañana hasta que todos bajaban sus mosquiteros por la noche. Nos levantábamos al amanecer todos los días, los gallos cacareaban, y abríamos la ventana para dejar entrar la luz del sol. Era fascinante ver a la familia mirando televisión; el aparato era de los antiguos, en blanco y negro. Me encantaba escuchar la risa de la hija mayor de Juan, Consuelo, quien era fácil de tratar. Tenía una actitud agradable, que daba gusto ver en una mujer joven de apenas dieciséis años de edad y que ya tenía un hijo de dos años. Ella había perdido un ojo en la infancia cuando estaba jugando con su hermano, Willy, quien le metió un lápiz en el ojo. Eso había ocurrido muchos años atrás y ya se había acostumbrado. Era muy bonita, y el ojo desviado parecía afectarle muy poco. Cuando más, la hacía lucir como un poco despistada hasta que uno sabía la razón.

Fue aquí, en la cocina con piso de tierra, donde me hicieron conocer exquisiteces como el caimán y la sopa de mono. Mi plato favorito era el caimán fresco. El sabor era como una mezcla de pollo y langosta, pero más parecido a la langosta. El mono también era delicioso. Estos eran animales salvajes y los cazaban, no por su piel o para venderlos a los turistas, sino para alimentar a la familia. Usualmente le daban carne a Don Juan como pago por las sanaciones que había hecho. Es importante dar algo a cambio cuando se viene por una sanación; esto lo ayuda a uno a estar abierto a recibir la medicina, una parte fundamental en el proceso de sanación (ver el Apéndice 2 para más información sobre este tema).

Don Juan y yo celebrábamos ceremonias los martes y viernes por las noches. Le encantaba cantar sus icaros mágicos, y de todos los curanderos con los que yo había participado antes en una ceremonia, Don Juan superaba todo lo que había escuchado. Me sentí muy bendecido de haber encontrado a mi Maestro y estaba ansioso de aprender más sobre el camino de un ayahuasquero. Continué mis estudios con él por más de dos años. Fue aquí donde tuve mis primeras dos experiencias de sanación y también mi iniciación como curandero ayahuasquero.

Don Juan siempre estaba disponible para aquellos que lo buscaban para una sanación. Solía sorprenderse con los tipos de enfermedades que se nos presentaban en estas ceremonias. En la mayor parte de casos la sanación era para un mal, o *daño,* que había sido causado por las acciones de un brujo. Don Juan cantaba icaros que habían sido especialmente creados para contrarrestar los efectos de esa *brujería* o magia negra. Solía poner su mano derecha sobre la zona afectada con el fin de sacar la enfermedad, que normalmente era causada por un virote, que es un dardo mágico de otras dimensiones que ha lanzado un brujo a su víctima, o por un conjuro maligno. Otra forma efectiva de contrarrestar los efectos de la brujería es con humo de tabaco y el uso de la shacapa.

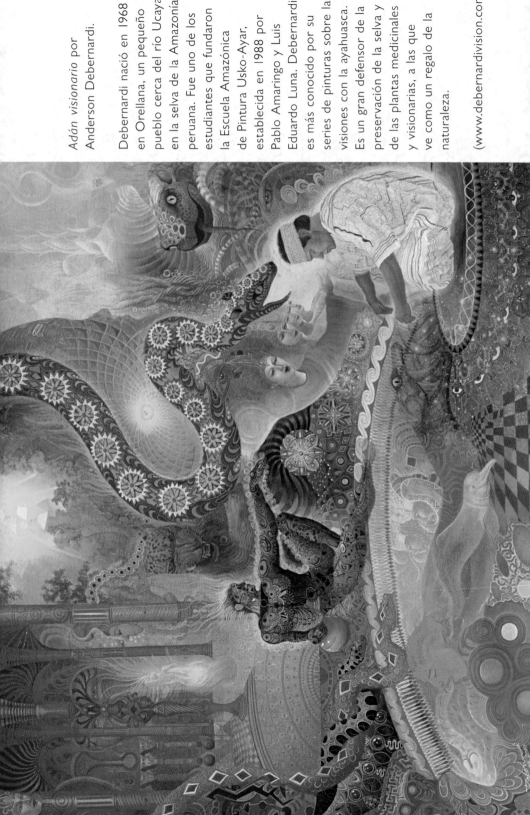

Adán visionario por
Anderson Debernardi.

Debernardi nació en 1968
en Orellana, un pequeño
pueblo cerca del río Ucayali
en la selva de la Amazonía
peruana. Fue uno de los
estudiantes que fundaron
la Escuela Amazónica
de Pintura Usko-Ayar,
establecida en 1988 por
Pablo Amaringo y Luis
Eduardo Luna. Debernardi
es más conocido por su
series de pinturas sobre las
visiones con la ayahuasca.
Es un gran defensor de la
preservación de la selva y
de las plantas medicinales
y visionarias, a las que
ve como un regalo de la
naturaleza.

(www.debernardivision.com)

Iniciación chamánica de Anderson Debernardi

Trance chamánico de Anderson Debernardi

Ceremonia de la salvia de Andrew Osta, acrílico sobre lienzo, 2010.
Luego de ocho meses de aprendizaje sobre la ayahuasca en el Perú, Osta,
de origen ucraniano, realizó una serie de pinturas que refleja aspectos de su
experiencia con el mundo interior de las ceremonias y visiones.
(www.andrewosta.com)

Cuento de hadas ruso de Andrew Osta, acrílico sobre lienzo, 2010.

Flores de heliconia de Mauro Reátegui Pérez.
Pérez es un artista de Pucallpa, Perú. Nació en un pueblo a orillas del río Ucayali en 1973.
Fue discípulo de Pablo Amaringo y actualmente es profesor de la Escuela Amazónica de
Pintura Usko-Ayar. Las pinturas de Pérez de la flora, fauna y de la tradición chamánica
abren una ventana al extraordinario mundo de la mente y el espíritu.
(www.mauroart.com)

Visión con chacruna
de Mauro
Reátegui Pérez

Pura selva
de Mauro Reátegui Pérez

Peter Gorman, periodista investigador y Alan Shoemaker, autor
(foto de Raul Falch)

Dr. Valentin Hampjes,
chamán del San Pedro

El ayahuasquero Don Juan
Tangoa y su esposa,
Leonor

Don Juan era siempre muy cuidadoso con los pacientes que aceptaba, ya que si alguno de ellos moría en su propiedad eso le ocasionaría problemas con las autoridades peruanas. Sin embargo, decidimos aceptar a una paciente que murió dos meses después de haber regresado a su casa. Antes de morir, su esposo la llevó cargada hasta donde estaba Don Juan y la recostó sobre una estera de bambú en el centro de su choza para rituales, donde el piso es de tierra.

"Alan, por favor ven a ver a esta mujer y dame tu opinión". Me pidió que le levantara la blusa y mirara su estómago. En la cavidad de su estómago, flotando, había un objeto grande, ajeno a su cuerpo.

"Alan, pon tu mano ahí", me dijo. Al colocar mi mano justo encima de su ombligo, sentí lo que parecía ser un objeto petrificado, duro como una roca y con cráteres, casi del tamaño de una toronja.

"Ven afuera para hablarme", dijo luego.

Le dije a Don Juan que en mi opinión esa mujer debía ser llevada al hospital. En voz baja él me dio a saber que ella ya había ido y que la habían mandado de regreso diciéndole que no encontraban nada. Su esposo me comentó que en las tres oportunidades anteriores que la había llevado al hospital, la bola que ahora podíamos ver frente a nosotros estaba escondida, y los rayos X no mostraron ninguna evidencia de una anomalía. Eso era difícil de creer.

Decidimos trabajar con ella por lo que hicimos arreglos para que se quedara en un catre en el lugar para ceremonias. Durante la primera semana, la bola desapareció en algún lugar en la cavidad de su estómago. Luego su pierna izquierda, desde la parte superior de su muslo hasta la rodilla, empezó a hincharse como un globo. El dolor era demasiado intenso para ella y solo se le aliviaba un poco cuando le daba masajes en la parte baja de la espalda, cerca de la columna vertebral, algo que hice todos los días. A veces el dolor era tan fuerte que iba a la farmacia de Iquitos para comprar medicinas para el dolor para ella. Don Juan siguió preparando varias bebidas con hierbas para ella, y nosotros continuamos realizando nuestras ceremonias de ayahuasca con su presencia durante cuatro semanas, sin obtener ningún resultado. No se sanó. Bajó de peso y el dolor y la hinchazón aumentaron.

Al final, por desesperación, decidimos que tal vez ella también debía beber ayahuasca, y entonces realizamos un ritual. Después de que los efectos de la ayahuasca empezaron a notarse, Don Juan me pidió que tratara de averiguar la causa del problema, usando la visión del curandero como una radiografía. Observé su cuerpo, pero no encontré nada. Don Juan estaba seguro que esta situación había sido causada por un brujo y que él tenía suficiente poder para revertirla. Los curanderos se aseguran de aceptar solo aquellos casos de brujería que ellos consideran han sido causados por un brujo más débil que ellos. Por último, me llegó un mensaje, que tal vez era más producto de mi propia frustración respecto a la situación que por una verdadera visión. Hasta ahora no lo sé. Don Juan, que estaba tan frustrado como yo, exigía que se produjera una sanación. Me sentí muy impotente. Recuerdo que pensé que aun cuando no tuviera una visión clara sobre la causa del problema, tal vez debía inventar algo solo por el bien de ellos. El poder de la mente y el efecto placebo llegaron a mi pensamiento y le dije: "Don Juan, veo una serpiente de dos cabezas que se mueve desde la parte inferior de su estómago hacia su pierna izquierda. La serpiente no puede pasar la rodilla ni se puede voltear, debido a la hinchazón. La pelota tan dura como una roca que vimos flotando en su estómago hace un mes, es el saco fecal de la serpiente, que también está siendo tirada".

Este era un resumen bastante fantástico, especialmente porque no sabía con exactitud cómo había llegado a esta conclusión. La intuición es una cosa y la clarividencia otra; sin embargo es difícil distinguir la diferencia entre ambas. Esa capacidad se obtiene solo después de varios años de experiencia. Don Juan me pidió salir de la choza del ritual para hablar sobre nuestro próximo movimiento.

"Bien. Una serpiente de dos cabezas. ¿Estás completamente seguro?" me preguntó.

"Bueno, no lo sé, Don Juan. Pero es lo que siento".

Sabía que le estaba dando el tipo de información que él necesitaba para que por lo menos pudieran empezar a trabajar en una sanación específica. También sabía que había inventado todo esto por un sentimiento de compasión por ambos, Don Juan y la mujer. A decir verdad, yo estaba confundido.

"Escúchame", me dijo. "Voy a cantar un icaro de un ave que normalmente come serpientes. Con este icaro espero invocar al espíritu del ave hacia el ritual para que se coma a la serpiente que ella tiene dentro de sí. Esto es algo difícil de hacer, por lo que debo concentrarme mucho. Tú me puedes ayudar buscando el ave. Hazme saber cuando la veas".

Ahora sentía que nos podíamos estar metiendo en un hueco negro más profundo por mi culpa. En mi intento por calmar la ansiedad de Don Juan y de la mujer, tal vez sin querer solo estaba aumentando la frustración de ambos si no aparecía ninguna sanación. Qué desastre el que yo había creado.

Regresamos al ritual. Don Juan empezó a cantar el ritual repetidas veces, pero yo no veía nada. Por último, se movió hacia donde estaba la mujer y empezó a tratar de sacar la serpiente de la mujer ahuecando la mano en la parte inferior de su muslo. Nuevamente, no vi nada. En cada uno de sus intentos por sacar la serpiente, me volvía a preguntar y yo le respondía: "No. Nada, Don Juan". Me di cuenta que como había sido yo quien propició esta situación con mi visión, por así llamarla, tal vez sería mejor decirle a Don Juan que empezaba a ver algunas cosas saliendo de la pierna de la mujer cuando él trataba desesperadamente de eliminar las energías. Una vez que hice eso empecé a sentir un cambio de energía en la sala. Era casi como que podía escuchar un suspiro de alivio, no solo de Don Juan, sino también de la mujer.

A la mañana siguiente cuando fui a observar a la mujer, ella había cambiado notablemente. Se sentía aliviada y tenía muchísimo menos dolor. A los pocos días, decidió que había llegado su momento de regresar con su familia. Cuando su esposo llegó a recogerla, pudo salir caminando por sí misma. Estábamos contentos de que dejara la casa de Don Juan en mejores condiciones que en las que había llegado a nosotros la primera vez, pero sabíamos que no se había logrado una total sanación.

Don Juan me contó con tristeza que el brujo que le había causado esa enfermedad a la mujer era más fuerte que él. Dos meses después, su esposo me vio en Iquitos y me contó que ella había fallecido. Mientras yo seguía sintiendo que la serpiente era una total invención, comprendí también claramente cómo ante determinadas circunstancias era importante dar al paciente (y a veces también incluso al sanador) algo en qué creer, porque sabía que los poderes de sanación inherentes a las personas, cuando se activan, pueden curar absolutamente todo. Don Juan también cree en esto, y a menudo funciona de esta manera, lo que reforzó mi creencia de que la serpiente de dos cabezas era real, a pesar de mis dudas. Sentí que dadas las circunstancias, él solo no hubiera podido llegar a otra conclusión.

Pocos meses después, a la esposa de Don Juan, Leonor, le picó algo en el punto del pulso en la muñeca izquierda. Vino a mí frustrada. Esa pequeña picadura le causaba una constante comezón. Parecía solo una pequeña picadura de mosquito. Al cabo de una semana, esta pequeña picadura se convirtió en un volcán que se elevaba desde su muñeca, del tamaño de mi uña y un diámetro de dos centímetros y medio, eliminando pus cremoso de color blanco. Don Juan y yo estábamos desconcertados. Pregunté a los doctores militares en Iquitos qué opinaban de eso, pero también estaban sorprendidos. Nos aconsejaron colocar penicilina en polvo directamente sobre la herida abierta. Intenté eso y la fiebre de Leonor disminuyó por dos días, pero la herida seguía creciendo y expulsando pus.

Sin poder hacer nada, observamos que la herida empezó a crecer y tomar la forma de grandes nudos de un tipo de material parecido al cartílago. Eso empezó primero en su muñeca alrededor de la picadura, y luego subió hasta su brazo, cerca de cinco centímetros cada día hasta que llegó a su hombro. El brazo derecho de Leonor estaba duro como una roca, y el volcán seguía creciendo mientras la fiebre le regresaba con total fuerza. Cuando estos nudos duros empezaron a bajar hasta su pecho, moviéndose probablemente hacia su corazón, busqué en vano con los doctores militares algún alivio para ella. A la mañana siguiente, Don Juan vino a buscarme desesperado, sugiriendo que debíamos beber ayahuasca esa noche con la esperanza de encontrar una cura.

"Sí, Don Juan, por supuesto", acepté bastante nervioso. Parecía que cuando me planteó esta idea lo que me estaba pidiendo era que descubriera la causa de la enfermedad de Leonor. Era una responsabilidad a la que me sentía reacio a aceptar e incapaz de atenderla. Inmediatamente, empezamos a preparar la medicina.

Don Juan cortó lianas que él había cultivado en su terreno de poco más de dos mil metros cuadrados, y yo fui a buscar la chacruna, la planta con la que hay que mezclar la ayahuasca para producir un estado enteogénico. En su terreno solo estaban creciendo las plantas pequeñitas que yo le había regalado. Cuando regresé de comprar un poco de chacruna del mercado local de plantas de Iquitos ubicado en Belén, un barrio de esta ciudad, él ya había cortado la liana en pequeños trozos, los había molido con su martillo (para que el agua hervida pudiera entrar a todas las fisuras de la planta), e hizo hervir el agua. Había estado fumando tabaco mapacho y cantando icaros sobre la planta molida cuando levantó la cabeza y me vio allí con una bolsa grande de chacruna. Se me acercó, metió su mano en la bolsa y sacó un puñado, diciéndome muy seriamente: "¿Es legítima?".

"Sí, Don Juan". Y volteé una hoja hacia la parte de atrás y le señalé los pequeños dardos que sobresalían de la espina. "Legítima".

Son muy pocos los curanderos mestizos que residen en la ciudad y que trabajan usando el sistema de trueque, que verdaderamente tienen sus propias huertas con enredaderas de la ayahuasca. Y solo encontré dos que realmente tenían un arbusto de chacruna. Lo que noté en los numerosos rituales con los diferentes sanadores que experimenté era un factor importante: la ayahuasca sola no te puede transportar en tiempo y espacio; se necesita de suficiente chacruna (*Psychotria viridis*). Logré ver diferentes espíritus que llegaron a estos rituales, pero nunca hubiera podido alcanzar un total estado enteogénico si no hubiera sido porque yo mismo preparaba mi propia medicina, utilizando para una dosis, por lo menos cincuenta hojas de chacruna o diez hojas de chaliponga (*Diplopterys cabrerana*), la preferida. Aun cuando yo mismo compro los ingredientes y preparo mi propia medicina, nunca tengo garantías de su calidad, porque las plantas siempre varían en el porcentaje de DMT que contienen, debido a que provienen de diferentes condiciones de cultivo y pudiera ser que no hayan sido recolectadas a la hora adecuada del día que garantice que contenga un valor más alto del alcaloide. La tierra en la selva del Perú está compuesta principalmente de arena y barro con una capa superficial del suelo de máximo cinco centímetros; es probable que la falta de nutrientes sea la causa de un valor más bajo del alcaloide. Se logra un mayor contenido del alcaloide también cuando las hojas son cosechadas cuando todavía están húmedas, antes de que el sol les quite la humedad.

Generalmente, los curanderos mestizos tienen que comprar la chacruna en el mercado o de alguien que cultive este arbusto. Esta parte de la fórmula es la más cara y difícil de lograr. Como normalmente sus pacientes no les pagan muy bien, estos curanderos se han acostumbrado a comprar solo muy pequeñas cantidades de chacruna para cocerlas con sus lianas de ayahuasca. Los herbolarios del mercado normalmente compran la chacruna a otros que la cultivan en sus *chacras,* o huertas privadas, y no tienen conocimiento sobre las horas correctas de cosecha. Con seis soles (dos dólares) consiguen una bolsa pequeña que contiene cerca de sesenta hojas. Con esto ellos preparan un litro de medicina, lo suficiente para servir a doce personas. La cantidad correcta de chacruna por dosis para lograr un efecto enteogénico es más o menos cincuenta hojas, dependiendo del porcentaje de alcaloide contenido en las hojas. Desde hace tanto tiempo los curanderos mestizos vienen preparando su ayahuasca con tan pequeña cantidad de hojas, que ellos realmente creen que su fórmula es la correcta. Lo más probable es que nunca supieron la fórmula, porque aprendieron de otros curanderos de más edad que por necesidad económica utilizaban una cantidad muy pequeña de hojas para la preparación.

Yo molía ligeramente las hojas de chacruna con un mazo para conseguir una mejor extracción, luego agregaba aproximadamente medio kilo de las hojas frescas en una olla recubierta con cerámica. Don Juan era uno de los curanderos de la selva con más suerte; la olla donde preparaba la medicina se la había regalado un cliente canadiense. Usualmente las ollas son de aluminio. Don Juan fumaba su cigarrillo de mapacho y echaba el humo a la olla, para proteger las energías que le habíamos dado a esta medicina y para espantar cualquier energía negativa que se hubiera podido ocultar en sus confines. Como siempre, echaba sus tres hojas de datura a la mezcla y después agregaba la planta y las hojas lentamente, cantando icaros para bendecir la medicina para que nos concediera una visión. Don Juan se la pasó cociendo todo el día, echando la esencia en otro contenedor cada vez que el agua hervía, dejando en la olla tan solo de cinco a algo más de siete centímetros. Repitió este proceso dos veces más, guardando siempre la esencia, hasta que solo quedaba un líquido marrón dorado. Sacó un poco de madera del fuego y empezó a cocer lentamente esta esencia y con menos calor. Otra hora a hervor lento y con la olla destapada y nuestra medicina estaba lista. Tomamos una pequeña siesta y a las nueve de la noche entramos a la choza grande del ritual que acabábamos de construir al lado de su casa.

Esa noche, bebimos la medicina, con la esperanza de encontrar una sanación para Leonor. Una vez iniciada la ceremonia, Don Juan me pidió que entrara en trance y que invocara al cuerpo espiritual de su esposa frente a mí. Nunca antes había intentado esto, por lo que seguí sus instrucciones lo más enfocado posible. Estando profundamente bajo la influencia de la medicina, imploré por una visión de Leonor, concentrándome intensamente en nada más que verla a ella. Después de apenas un poco más de una hora, finalmente pude ver su forma delante de mí. No estaba seguro de si se trataba solamente de una visualización creativa, o si realmente había logrado atraer su espíritu hasta allí, frente a mí. Pero pude ver a Leonor recostada en su cama bajo el mosquitero, dormida y sudando. Busqué su brazo izquierdo y luego la herida abierta en su muñeca. Don Juan me preguntó si podía ver a su esposa, a lo que yo respondí "sí", sin perder el contacto visual con la imagen de ella.

"¿Qué es eso?", me preguntó. En ese instante lo sabía, como si el mundo me hubiera colocado esa palabra en mi mente. "Un insecto, Maestro".

"Sí, Alan", dijo, "¿pero cómo curas eso?" Tenía la voz plagada de emoción y frustración, ya que me estaba pidiendo que encontrara el remedio para ella, sin interesarle cómo lo había logrado. A los curanderos les es muy difícil ver y tratar a los miembros de su propia familia y usualmente llaman a otros curanderos para que les encuentren la sanación. Me sentí avergonzado e inútil, aunque estaba sorprendido de que la causa de su enfermedad hubiera salido tan rápidamente de mi mente. En ese mismo momento, cuando empezaba a disculparme por no haberle dado a él lo que necesitaba, la palabra "sal" salió de mi boca por su propia voluntad. Yo no la puse allí. Es más, ni siquiera había intentado descubrir el remedio.

"¿Sal?", preguntó. "¿Cómo?"

Y luego lo supe. Estaba claro. "Dos cucharadas llenas de sal en tu mano y solo un poquito de agua para hacer una pasta. Coloca eso directamente sobre la herida abierta, cúbrela con la palma de tu mano, y mantenla allí por unos cuantos minutos".

Yo no tenía ni idea de lo que estaba diciendo ni de dónde venía esta sanación, pero Don Juan lo entendió. Con un suspiro de alivio, me agradeció y dijo que haría eso apenas hubiera luz.

Yo estaba nervioso. ¿Qué había pasado aquí? Le conté a Don Juan que yo estaba confundido; que la palabra *sal* había salido de mi boca sin que yo hubiera hecho ninguna deducción lógica. Le supliqué que no hiciera esto, ya que la sal en una herida abierta produciría un dolor terrible y, nuevamente, estaba perdido en cómo explicarle de dónde me vino eso.

"Alan, esto es curanderismo. Este es el procedimiento de una sanación. No te preocupes".

A la primera luz, salí apurado a Iquitos para visitar por última vez a los doctores militares. Le supliqué a Don Juan que esperara a que regresara, ya que poner sal en una herida abierta resultaría terriblemente doloroso y no tenía la menor idea de cómo esta palabra había salido de mi boca. Una vez más, los doctores no me pudieron ayudar, y regresé a la choza para ver a Don Juan que estaba parado en su patio con una sonrisa arrogante en el rostro. Le expliqué que los doctores estaban tan confundidos como yo. Él se mantuvo de pie allí sonriendo. Era evidente que lo había hecho.

"¿Lo hiciste, verdad?", dije.

"Sí".

Él había preparado la pasta de sal, la colocó directamente en la herida y la mantuvo allí. Pocos minutos después sacó su mano y un géiser expulsó a borbotones un líquido cremoso de color blanco y luego una sustancia líquida como el agua. Todo había terminado. Un mes después, ni siquiera se podía notar que Leonor hubiera sufrido una picadura.

Don Juan estuvo eternamente agradecido conmigo por esta sanación. Después de trabajar con él durante dos años, poco a poco pasó a ser mi amigo en lugar de mi Maestro. Me ayudó a comprender que nosotros somos nuestros propios Maestros. Fue mi guía inicial en el raro y bello camino del ayahuasquero, hasta que pude saber de dónde vino el alma de esta sanación: estaba dentro de mí, a la espera de ser activada. Don Juan me ayudó a ganar la seguridad que me ha permitido seguir creyendo en estos acontecimientos extraños pero milagrosos que tan rápidamente invadieron mi alma. Evitó que me aventurara a seguir un camino que fácilmente se hubiera podido convertir en un eterno laberinto sin alma. Le estaré siempre agradecido por esto.

A las dos semanas de la ceremonia donde había "visto" lo que había ocasionado la enfermedad de Leonor, salí de la choza de sanación durante una ceremonia para relajarme y en el camino pasé por el lado de mi perro llamado Buda. Lo obtuve cuatro meses después de llegar a la casa de Don Juan, y desde ese entonces se había convertido en el "perro ayahuasca," siempre esperando afuera durante la ceremonia a que los que vomitaban terminaran de expulsar todo. Era un miembro voluntario de limpieza. Una vez, lo vi afuera lamiéndose todo y una hora después me acerqué a ver sus ojos y noté que evidentemente estaba bajo la influencia de la ayahuasca. A veces comenzaba a ladrar mientras nosotros estábamos adentro en la choza realizando una ceremonia y yo salía afuera para ver qué estaba ocurriendo que lo ponía tan agitado, pero nunca encontré nada. Parecía que le estaba ladrando a los espíritus. Ojalá, pensé, que haya aprendido a distinguir a los espíritus buenos de los malos.

Buda había empezado a sufrir de un problema extraño con su pelo. Se le comenzaba a caer justo debajo de sus ojos y Don Juan me dijo que sería mejor que le echara una mirada, porque lo mismo le había ocurrido a su perro, Volcán, que luego murió de eso. Lo observé y no se veía tan mal, pero al pasar los días seguía el problema y se extendió, y pronto su pérdida de pelo llegó a tal punto que sus mejillas superiores quedaron expuestas. Pensé en llevar a Buda al veterinario para que me diera un remedio común y corriente, pero esta vez, cuando lo observé mientras estaba bajo la influencia de la ayahuasca para ver cuánta medicina había ingerido, nuestros ojos se encontraron y de inmediato supe cómo curarlo. Era un sentimiento extraño, parecido a mi experiencia con Leonor. Me agaché hacia donde él estaba, pasando los dedos por mi boca para recoger mi saliva, y se la unté sobre las partes infectadas debajo de los ojos. Parecía que sabía lo que yo estaba haciendo e incluso se mantuvo quieto para el tratamiento. Continué con el mismo tratamiento por varios días, y a las tres semanas pude notar que su pelo empezaba a crecer nuevamente. *Increíble, ¿verdad?* pensé. Para entonces ya había dejado de preguntarme *¿por qué?* o *¿cómo?* porque a decir verdad no había ninguna explicación lógica. Solo era así.

EL MUNDO ESPIRITUAL

Los espíritus y la fuerza de energía de la vida nos rodean en todo momento. Las plantas sagradas de poder tales como la ayahuasca, el San Pedro, el peyote y los hongos nos proveen de la visión, permitiéndonos entrar a dimensiones espirituales cuando dejamos nuestro ego a un lado. Tal vez modifican el patrón de vibraciones de la luz al entrar esta a la retina, no lo sé, pero para mí, esto no es lo importante. Para mí, lo importante es que existe un mundo espiritual al lado de la realidad de nuestro ego en el estado de vigilia. Los espíritus llegan al curandero que los invoca a través de los varios icaros que este canta. La capacidad del curandero de dominar las diferentes dietas chamánicas con plantas que son necesarias para aprender el camino, le da el poder de invocar a diferentes tipos de espíritus para contrarrestar las diferentes enfermedades que existen. Los espíritus llegan e inspiran al curandero con su poder para sanar, ya sea en el plano físico, psicológico o espiritual. Sin importar en qué área reside la enfermedad, ellos llegan. Estas fuerzas sobrenaturales trabajan con el curandero y, a través de él, sanan al enfermo en lo que puede ser mejor descrito como algo milagroso, debido a que estas sanaciones en su mayoría no se pueden explicar por las leyes naturales tal como las conocemos.

El curanderismo trata de activar lo que se conoce como "el sanador dentro de cada uno de nosotros", liberando patrones de energías que estaban bloqueados y reforzando el sistema inmunológico. Se trata de fusionar el conocimiento del presente con las prácticas del pasado. La medicina es un facilitador, que le permite al cuerpo sanarse, pero es la fuerza de la vida que reside dentro del cuerpo la que en realidad produce la sanación. Los medicamentos pueden revelar al cuerpo su propio doctor un poco antes, sencillamente porque hemos sido entrenados para creer en ellos. Es una respuesta programada que nuestra mente está lista a aceptar; y a cambio de eso, le envía un mensaje al cuerpo que la curación ya puede empezar a darse porque hemos tomado la "medicina". Es por eso que los placebos funcionan. Tenemos que regresar a los métodos naturales de sanación del pasado, cuando no dependíamos tanto de agentes artificiales externos para mejorarnos. Necesitamos un sistema de creencias actualizado que se base primeramente en los métodos tradicionales de sanación del pasado, fusionado con las filosofías de sanación moderna de la Nueva Era actual. Tenemos que entender y activar al sanador que tenemos dentro de cada uno de nosotros. Esto solo puede ocurrir si se activa el sistema de creencias.

La medicina más efectiva es aquella que podemos fabricar dentro de nuestros propios cuerpos. Para lograr eso es fundamental conectarnos con nuestro propio doctor interior. Es aquí donde reside la capacidad de curarnos a nosotros mismos, porque nuestros cuerpos realmente manifestarán lo que necesita para producir su sanación. Por lo tanto, debemos cultivar el método de activar este sanador dentro de cada uno de nosotros. Esto se logra más fácilmente al ingerir las plantas sagradas de poder. Estas no solo liberan la mente, sino que al hacerlo permiten que los poderes de sanación se hagan posibles en el curanderismo. Este curandero existe dentro de cada uno de nosotros; el mejor sanador. Lo fundamental es ir más allá de los cánones establecidos por nuestro sistema educativo, religioso y social, que ha formado nuestra realidad moderna. El sanador moderno debe admitir todo lo que es útil dentro de la medicina alopática convencional, junto con los principios del curanderismo. Debemos trabajar con la noción del sanador interior, y también con su conexión con el plano espiritual de la existencia. Debemos reconocer que lo que es sagrado y divino existe dentro de cada uno de nosotros. Somos nuestro propio Dios. Cuando dejemos este cuerpo físico definitivamente continuaremos en forma de espíritu. Lo que hacemos en este corto tiempo en el mundo que experimentamos permanece con nosotros después de la muerte de lo físico. Estas nociones pueden ser mejor comprendidas y asimiladas mediante el uso de las plantas sagradas de poder. Una vez que activamos lo divino, el sanador dentro de cada uno de nosotros, empezamos a curarnos a nosotros mismos, y, en algunos casos, podemos empezar a ayudar en la sanación de otros.

Cuando hablo del mundo espiritual me refiero a esas energías mentales que siempre están presentes, pero normalmente se hallan fuera de nuestro entendimiento normal. A estas energías las llamamos *espíritus.* Con la ayuda de las plantas sagradas de poder y un verdadero amor hacia ellas y por parte de ellas, es posible entrar al mundo espiritual y a los doctores espirituales que allí residen.

Permítanme aclarar: cuando uso la palabra *espíritus,* no me refiero a aquellas formas claras y traslúcidas como frecuentemente las pinta la cultura popular. No estoy tratando de encontrar una manera de decir que nosotros, humanos imperfectos, percibimos energías mentales y nuestro intelecto las modifica en la forma de espíritu, porque nuestro cerebro no tiene la capacidad de entender la energía tal cual es. En pocas palabras, los espíritus fueron antes físicos. Ellos murieron y abandonaron sus cuerpos, o tal vez encontraron esa puerta mágica y de otras dimensiones y entraron a otro plano de la existencia (lo más seguro, con la guía de un curandero). Usualmente están completamente vestidos, no tienen olor, y contrario a la opinión de los intelectuales, ellos nos escuchan, nos hablan y nos comunicamos con ellos. Muchos solo hablan el idioma con el que murieron. Otros, con más poder y tal vez más avanzados, hablan la lengua que uno necesita escuchar, cualquiera que esta sea, para que podamos entender su mensaje. Y ellos sí pueden atravesar las paredes. Algunos incluso desean usar tu cuerpo. En la mayoría de los casos, no se debe permitir esto, porque a veces es difícil sacarlos. Esta es la razón por la que hay estar atento a una energía cuando se está bajo la influencia de la planta sagrada de poder. Por eso es importante no quedarse dormido durante un ritual. Y también esta es la razón por la que uno debe estar siempre sentado cuando está tomando una planta enteógena, porque al estar sentado estás conservando la cantidad de energía mínima que se necesita para evitar que energías no deseadas te posean. A veces también se puede producir el vómito, porque como el espíritu tiene la posibilidad de abandonar el cuerpo físico, al hacer eso puede parecer que el cuerpo físico esté dormido. Si el curandero no se da cuenta de que estás vomitando corres el peligro de asfixiarte, como le ocurre al que queda inconsciente por haber bebido demasiado alcohol.

A veces las energías de otras dimensiones, tanto malévolas como benévolas, logran entrar a los rituales como también a tus sueños. Un mes después de haberme iniciado como ayahuasquero, Don Juan y yo realizamos un ritual para encontrar la razón de la extrema quietud de un bebé. Buscó las diferentes posibilidades toda la noche, preguntando minuciosamente a los padres sobre su vida amorosa y su situación económica, pero al final su diagnóstico fue el de un *susto,* un susto del alma, debido al pulso débil y errático del bebé. Decidió que él debía ir a la casa del bebé para exorcizar las energías que allí había.

Tras la ceremonia con la ayahuasca, me retiré a dormir bajo mi mosquitero. Los sueños que se tienen después de un ritual suelen decir más que cuando te encuentras en tu estado de sueño común, porque tu mente está relajada, en un estado callado y de meditación. El ego no está presente allí. En ese sueño, un horrible gigante vestido con una armadura me perseguía. El terreno estaba desértico por lo que no había lugar donde esconderme. No tenía sentido correr, algo que pronto descubrí, porque este monstruo era demasiado veloz. Cuando esta horrorosa bestia blindada se me acercó para cometer su crimen, yo estaba al borde de la desesperación y el cansancio, casi sin esperanzas. Justo en ese momento me alejé y vi a una persona muy pequeña parecida a un duende parado a unos pocos metros de mí, que me regalaba una hermosa y brillante espada de acero inoxidable. No estaba adornada con piedras preciosas. Sentí tal alegría en ese momento porque sabía que esta espada tenía poderes mágicos. Con un solo movimiento la saqué de su funda y la hice girar alrededor, golpeé su brillante filo en el aire y decapité a mi enemigo. La cabeza salió volando de su pecho armado y empezó a rodar en el suelo. Se acabó, pensé. Pero la bestia seguía viva y se tambaleaba a ciegas buscando su cabeza. Terminé con eso cortando la cabeza en varios pedazos. Luego me desperté. Esa mañana mientras bebía mi vaso de agua con jugo de limón y ajos molidos, como se acostumbra luego de beber la ayahuasca, y lo cual es muy bueno para limpiar el hígado, le comenté a Don Juan sobre mi sueño.

"Alan", me dijo: "has sido agraciado con un don muy poderoso y peligroso".

"¿Poderoso y peligroso? Por favor, explícame eso".

"Este don llega a ti del plano espiritual y será tuyo siempre para que lo uses como desees. Ahora mismo has estado aprendiendo por solo un corto tiempo y aún falta ver qué llegarás a ser al final, si un curandero o un brujo. Es por ello que esta espada es peligrosa. Sí, ahora tienes un arma que puedes usar a tu gusto. Sin embargo, si en algún momento usas esa espada para destruir, entonces habrás puesto en peligro los poderes que ahora tienes o que recibirás como sanador. Puedes llevar tu arma cuando entres al mundo mágico de la ayahuasca si deseas, o tal vez solo puedes fijarte en ella y de vez en cuando ver que está allí. Pero no debes usarla para atraer poderes destructivos hacia a ti. La forma en que te protege es con su simple presencia, por si algún brujo quisiera hacerte daño, la puede ver allí contigo en el plano espiritual y temerá atacarte. Te lo vuelvo a recordar, no la debes usar como un arma. Este es tu primer presente, y vendrán muchos más. Si te mantienes en este camino, espero que un día te regalen una corona de oro. Cuando eso ocurra, te hablaré sobre su significado".

Aunque esta explicación era bastante agradable, me quedé pensando que tal vez ya estaba en peligro por haber usado la espada en mi sueño. ¿Acaso me encontraba ahora en un camino más oscuro por eso, sin saberlo?, ¿o fue el sueño la forma que se usó para que me regalaran la espada y para demostrarme su poder?

Seis días después celebramos otro ritual de sanación, y muchos mestizos pobres vinieron por curaciones. Sentado a la derecha de Don Juan, el sitio reservado para los aprendices, empecé a sentir los efectos de la medicina a los cuarenta minutos. Cuando me encontraba más afectado por la medicina, sin razón alguna volteé a mi izquierda, y allí estaba: mi espada, rondando.

Las plantas sagradas de poder te abren el tercer ojo y te permiten ver, pero esos espíritus que encuentras no siempre están allí para curar. Algunos llegan sencillamente por curiosidad, o tal vez porque están aburridos. Es más, los espíritus que realmente son dedicados, no son aquellos que son llamados con icaros para una sanación. Yo los llamo espíritus que están deambulando y casi siempre se aparecen en los rituales sin ser llamados. A veces pueden convertirse en un fastidio, porque soy gringo y esto los mantiene dando vueltas para ver a un extranjero con cabello de color claro. Si interfieren en mi concentración, usualmente les advierto primero, y si persisten, les digo que se vayan. Parece que son espíritus neutrales, no tienen poder. Sin embargo, hay otros a los que les puedes preguntar sobre diferentes enfermedades y sus respuestas resultan reveladoras. Estos espíritus son invocados con icaros. He tenido más éxito en llamar a estos espíritus de sanación cuando les aviso antes que los vamos a necesitar. En casos de una sanación difícil, empiezo a pedir su presencia con una semana de antelación de que se lleve a cabo la sanación. Parece que ellos también tienen una vida propia y esperar que aparezcan de inmediato cada vez que realizo un ritual de ayahuasca resultaría impertinente de mi parte. Y luego también están aquellos espíritus que llegan a los rituales sin haber sido invitados y que buscan causar daño. Estos pueden resultar peligrosos. E incluso se pueden presentar de modo que nuestra mente pudiera percibirlos como espíritus que vienen de la energía de la Luz. Pueden usar nuestras percepciones equivocadas en contra de nosotros, haciendo su aparición en elegantes túnicas blancas, preguntándonos cómo nos pueden ayudar. ¿Cómo saber si te están engañando? Cualquier espíritu que haga algo inmoral o no ético por ti es un espíritu maligno. En el campo de la visión chamanística, existe el bien, y ciertamente existe el mal. Ellos existen en el plano espiritual de igual modo en que existen aquí, en la realidad física.

Un mes después de llegar a Iquitos, Perú, continuando mi viaje en canoa hacia el Putumayo, conocí a un gringo que había estado estudiando curanderismo cerca de Pucallpa, Perú, con Don Benito y Guillermo Arévalo, dos curanderos muy poderosos de la tribu shipibo-conibo. Ese gringo era guapo y encantador y tenía buen dominio del idioma español y manejo del dinero, los ingredientes necesarios para llevar a la cama a cualquier joven peruana pobre que él deseara. Y eso es justo lo que él venía haciendo. Sin embargo, por esta razón, también se había ganado la reputación de ser un mujeriego, y por eso muchas jóvenes peruanas hermosas no querían saber nada de él. Esto, por supuesto, solo aumentaba su deseo por ellas. En los rituales de la ayahuasca que tenía con sus maestros, los espíritus le empezaron a llegar preguntándole cómo lo podían ayudar.

"Bueno, hay una joven peruana virgen que yo quiero tener, pero ella no quiere saber nada de mí", le dijo al espíritu.

"¿Cómo se llama ella?", le preguntó el espíritu.

El gringo le dio el nombre, y el espíritu le dijo, "No te preocupes. Yo voy a arreglar eso. La próxima vez que te encuentres con esa muchacha ella te va a responder en forma positiva a tus insinuaciones. Sin embargo, hay algo que debes hacer por mí a cambio de esto".

Cuando estos espíritus se le aparecieron por primera vez, él no pensó nada malo de ellos y les siguió el juego. Cuando todo salió como se lo habían prometido, él lo dio por bueno. Incluso llegado a este punto, él no fue a consultarle a su Maestro. Como comúnmente se dice, él ya se había "vendido" y ahora estaba asustado.

El gringo que me contó esta historia no quiso decirme qué fue lo que hizo a cambio por los espíritus, y se sentía culpable y avergonzado por haber hecho eso obteniendo resultados favorables más de una vez. Ahora tenía miedo de volver a beber la ayahuasca. Por último, después de muchos de estos casos durante los rituales con la ayahuasca, le contó a sus Maestros sobre lo ocurrido. Ellos estaban sorprendidos, no solo porque él no los hubiera buscado antes, sino también porque había cumplido con lo que los espíritus le habían pedido a cambio. Por esa razón abandonó Pucallpa y se fue a Iquitos con la esperanza de que el maligno no lo siguiera ni lo encontrara.

LA DIETA

Hay dietas específicas para cada una de las plantas sagradas de poder como también dietas para los distintos "doctores," término que se usa para describir a los espíritus de los árboles que proveen la medicina de la planta. La dieta varía de acuerdo al curandero con el que se está trabajando. He notado que normalmente los curanderos mestizos han desarrollado una dieta más sencilla para la ayahuasca, porque han elegido vivir en la ciudad o alrededor de ella. En contraste, la dieta de los curanderos indígenas tradicionales es mucho más exigente; requiere de estar solo por más tiempo y exige un régimen dietético más estricto, lo cual es muy difícil, sino imposible, para los habitantes de la ciudad. Algunos de los curanderos mestizos se van de la ciudad de vez en cuando, especialmente para hacer la dieta solos en la selva. Usualmente se requiere mantener una dieta sin sal, azúcar, aceite ni sexo durante todo el día antes de la ceremonia y hasta el medio día del día siguiente. Si quieres aprender sobre la ayahuasca y la chacruna (o sobre cualquier otra planta sagrada que se le haya agregado a la medicina de la ayahuasca), tienes que hacer dieta durante un mínimo de una semana, siguiendo la misma receta de no sal, aceite, azúcar ni sexo.

Todos los curanderos con los que he trabajado han dicho que es peligroso romper la dieta, ya que al beber la medicina, te empezarán a brotar manchas rojas en la piel, dándote a saber que la medicina que tienes en tu sistema se ha tornado en contra tuya, ya que las manchas rojas son una manifestación externa de un daño interno más serio. Sin embargo, en los muchos años que llevo trabajando con curanderos, de vez en cuando, he roto la dieta a propósito de todas las formas posibles y no he notado hasta ahora ningún efecto dañino. Lo hice intencionalmente para lograr deslindar la realidad de la ficción. No hubo manchas rojas y no me enfermé.

También he preguntado a varios curanderos sobre el requisito de abstenerse de sexo y no obtengo una respuesta clara. Les he preguntado si esto se refiere específicamente a tener sexo con una pareja o si también incluye la masturbación. Las respuestas que he obtenido es que no debes "estimular" este chakra de ninguna manera, lo que excluye incluso excitar su centro. Otra respuesta que obtuve una vez fue que está bien tener sexo o excitar el chakra sexual siempre y cuando no llegues al orgasmo. La teoría de esto es que si has tenido el orgasmo no habrá nada que "canalizar" cuando bebas la medicina y después la purgues.

No obstante debo decir, que aunque no he experimentado ningún efecto secundario negativo por romper la dieta, ya sea en lo que se refiere a la comida o al sexo, he oído historias de otros aprendices que lo han hecho y que han experimentado consecuencias negativas. Un hombre había estado siguiendo una dieta bastante estricta para una planta maestra de mucho poder durante casi un año, cuando rompió su dieta con sexo. A la semana siguiente notó que había empezado a sufrir de una crisis nerviosa casi psicótica y tenía alucinaciones y escuchaba voces en su cabeza. Esta es la única historia que he oído y es muy posible que existan otras. Pero, lo que sí sé, es que cuando sigues la dieta requerida, el mundo espiritual es más asequible. ¿Pudiera ser que la sal, el azúcar y el aceite sean los ingredientes que nos sobrecargan, que nos separan del mundo espiritual?, ¿que tal vez hasta sean venenos para los espíritus, de manera que cuando estos se dan cuenta de que nuestras formas están cargadas de estos ingredientes se sienten literalmente repelidos? También sé por experiencia que los espíritus están más dispuestos a llegar después de purgar ya sea vomitando o evacuando los intestinos.

En una oportunidad me dijeron que la dieta había sido creada porque los curanderos querían que la gente respetara al espíritu de la medicina, obedeciendo las restricciones de la dieta y aguantando el sacrificio que esta implica a fin de mostrar respeto. Cientos de años atrás, las cosas más valiosas deben haber sido la sal, el azúcar, el aceite y el sexo. Esta teoría me parece interesante, porque es cierto que el estado psicológico que se alcanza por tal sacrificio no puede hacer otra cosa que producir un resultado beneficioso.

En todo caso, he notado que el seguir la dieta estrictamente está en relación directa con la posibilidad de entrar al mundo espiritual. En mi opinión, la sal, el azúcar y el aceite funcionan como venenos, y su eliminación de nuestros cuerpos nos ayuda a purificar nuestros cuerpos y mentes, lo que a cambio nos ayuda a estar más abiertos y atentos a las energías que existen en el mundo a nuestro alrededor, para que podamos percibir y comunicarnos con las entidades del mundo espiritual con mucha más facilidad y respeto. Creo también que la restricción del sexo se debe a que esta es una de las energías a las que el cuerpo espiritual ha tenido que renunciar. Cuanta más energía sexual tengas, mayor será la posibilidad de que los espíritus se te acerquen e incluso entren en ti. A ellos les encanta esa sensación, la extrañan y es lo que más los acerca a ella. Como una vez me dijo un sanador, mucho tiempo atrás los chamanes observaban a los niños del pueblo para determinar quiénes tenían mayor energía sexual. En muchos casos, este niño era el elegido para continuar el linaje de sanación chamánica.

A veces una planta que se ha agregado al brebaje básico de la ayahuasca requiere una dieta mucho más estricta y por más tiempo. La posibilidad de aprender sobre otras plantas llega tan solo después de que has establecido una relación sólida con la medicina de la ayahuasca.

Recién allí podrás agregar la planta sobre la que quieres aprender al brebaje básico de la ayahuasca al estar en cocción. Cuando bebes la medicina resultante, puedes sentir en tu cuerpo a dónde va la planta que se agregó, o dicho de otra manera, dónde ha elegido hacer su trabajo, permitiendo así que la uses para sanar esa parte determinada del cuerpo.

MI INICIACIÓN

Después de estudiar con Don Juan durante un año y medio, decidió que había llegado el momento de dar paso a mi iniciación como un curandero. En realidad, en ese momento no entendía lo que eso significaba. Me explicó que la ceremonia y las medicinas estarían bajo mi control. Yo tendría toda la responsabilidad de conseguir la liana, la chacruna y la datura, y de bendecir las plantas con los icaros adecuados, de cocer la medicina y de determinar la dosis para cada persona. Para llevar a cabo esta iniciación yo tenía que seguir estrictamente la dieta requerida: no sal, no azúcar, no aceites y abstinencia de sexo. Esto no sería difícil para mí ya que no había agregado sal ni azúcar a mis alimentos por más de veinte años. Y el aceite casi que ni lo usaba, por lo que tampoco lo extrañaría. ¿Y el sexo? Usualmente encontré que era lo más difícil, pero como de todas maneras era parte de la dieta estándar para aprender sobre la ayahuasca, había estado siguiendo este régimen desde el comienzo de mis estudios, aunque no siempre de la manera más estricta. Seguí esta dieta por treinta días, y nos preparamos para la noche de mi iniciación.

Corté la planta en trozos que Don Juan mismo había sembrado varios años atrás en el pequeño terreno detrás de su casa y bendije los cigarrillos de mapacho que se usan para *soplar,* la planta y la ayahuasca mientras se cocían. Entoné los icaros que él cantaba cuando cortaba su planta, esperando que aunque se trataba de canciones que Don Juan me había enseñado, tendrían algún poder dentro de ellos que yo también podría usar. Mientras iba moliendo la planta para luego cocerla, también canté el icaro que Don Juan había sugerido, dándole una bendición para que las energías que emanaran fueran energías de Luz. Don Juan había explicado: "Esta preparación es un acontecimiento muy importante en la vida de un curandero. Es el momento en que se sabe qué tipo de poder tendrás como sanador. Cuanto más fuerte es la medicina, tanto más poderoso será el curandero".

Mientras echaba a la olla la planta de la ayahuasca, la chacruna y la datura, oraba para poder obtener una medicina fuerte y que los espíritus de las plantas se manifestaran. Mi expectativa sobre los efectos de la medicina para esa noche estaba constantemente en mi mente. Si cocía la medicina durante todo el día y luego la bebíamos y el efecto resultaba mínimo, sentiría que mis estudios habían sido en vano. Pero le agregué lo que consideré era la proporción correcta de chacruna a una cantidad de ayahuasca para preparar diez dosis. Había entonado los icaros con la debida intención, desde el fondo de mi alma, pensé. E incluso mientras revolvía la olla y tarareaba varios icaros, mantuve un estado mental que me condujera a una hermosa y poderosa experiencia al beber el brebaje. Invité a dos amigos de Iquitos a que me acompañaran, ya que se trataba de una noche especial y había buenas vibras y me sentía seguro de que la ayahuasca iba a estar como yo la quería. Era el primer ritual a mi cargo. Todos lo sabían y esperaban que fuera un éxito.

Don Juan y yo entramos al ritual con pequeños trapos blancos sobre nuestras cabezas. Pocas veces usamos esto, pero esa noche solo había un fino fragmento de luna. Los trapos blancos ayudaban a los espíritus invocados a reconocer con quien trabajarían. Al principio, me senté a la derecha de Don Juan, el lugar reservado para mí, el aprendiz. Aunque el ritual estaba a mi cargo, Don Juan seguía manteniendo el puesto de máxima autoridad. Entregué una taza de ayahuasca a cada uno de los presentes, después de decidir qué cantidad echar. Esto es casi siempre un proceso intuitivo, observando muy de cerca a la persona que se levanta de su silla y camina y se coloca frente mí. También me fijo en el peso del cuerpo para determinar la dosis, ya que esto juega un papel importante en los efectos de la ayahuasca. Por lo general, cuanto más pesa una persona, mayor será la dosis. Sin embargo, hay personas que tienen un tipo de espíritu que resulta mucho más afectado por la medicina. Hay que considerar todos estos factores, pero como dije, la intuición es lo que más pesa.

Mis amigos Jim y Marilyn, que estaban de visita en el país, fueron los dos últimos en beber. Don Juan y yo habíamos bendecido la medicina previamente, y yo había soplado la taza con humo de mapacho. Seguí soplando humo debajo de mi camisa y sobre mis manos, atrayendo el humo hacia mi rostro y sobre la cabeza, otro método de dar protección y bendiciones. Informé a los invitados que la ayahuasca tenía que permanecer en sus sistemas por un mínimo veinte de minutos, y cuanto más pudieran evitar vomitar tanto más podría entrar la medicina en sus cuerpos.

Les expliqué: "Cuando necesiten salir afuera para purgar, lo mejor será que lleven un cigarrillo de mapacho; aunque no fumen, el humo funcionará como un velo de protección para ustedes. A los espíritus malignos no les gusta el humo del tabaco. Además, está oscuro, y los cigarrillos pueden ser buenas linternas cuando los soplas. Si en algún momento tienen preguntas sobre cosas que ven, por favor háganmelas. Si se presenta algún espíritu, no se asusten. Pregúntenle a los espíritus cómo se llaman y por qué están aquí".

Después que empezamos a sentir los efectos de la ayahuasca, apagué las velas y empecé a silbar icaros que se usan para mejorar los efectos de la medicina. Cuando me empecé a sentir más cómodo, canté otros icaros, pero no esos que se usan para invocar a los doctores para una sanación específica. Canté icaros de bendiciones y para la buena suerte. La ayahuasca empezó a moverse por mis pies y mis piernas y hasta mi pecho. Podía sentirla atravesando todo mi cuerpo, abriéndose paso hacia mi cabeza. Cuando se acercó a mis orejas, los zumbidos se tornaron tan fuertes que no pude escuchar ningún sonido que viniera de fuera durante tal vez cinco minutos. Después que eso pasó, empecé a "ver".

Don Juan fue llamando a los invitados para que se presentaran uno a uno frente él para bendecirlos después de regresar de afuera de purgar. Vi que las personas tenían dificultad cuando caminaban hacia él. La ayahuasca había estado bastante fuerte. Cuando empezó con las bendiciones, crucé el cuarto y me senté cerca de la puerta, para evitar que cualquier espíritu que no hubiera sido invitado entrara a nuestro espacio.

Don Juan cantó un icaro específico para cada persona, mientras les sacudía la shacapa por todo el cuerpo y la cabeza, para "limpiar" sus espíritus, purificar sus auras y retirar las energías negativas que pudieran haberse establecido allí debido a la vida en un país industrializado del primer mundo. Llamó a Marilyn, pero ella tenía dificultad para caminar hasta donde él estaba debido a la gran potencia de la ayahuasca. Me levanté y la ayudé a que se sentara en un pequeño banco delante de él, luego regresé a mi puesto de guardián cerca de la puerta. Cuando estaba cantando un icaro para ella, un espíritu atravesó la pared que estaba detrás de él y siguió cruzando el cuarto para pararse directamente frente a mí. Eché una mirada allí, pero mi concentración y preocupación estaba más enfocada en Marilyn. Volví a mirar al espíritu. Era un hombre de casi dos metros de altura que vestía una túnica larga, oscura de color carbón, con una larga barba ensortijada de color negro y algunas mechas plateadas.

El espíritu dijo: "¿Querías hablar conmigo?" con un fuerte acento judío.

Yo no había llamado a este espíritu; ni siquiera había estado pensando en hacerle preguntas a un espíritu. Estaba enfocado en el presente y pensando si los invitados estaban cómodos, porque que la ayahuasca estaba más fuerte que otras veces. Vi que Marilyn estaba encantada con las bendiciones de Don Juan y volví a mirar a este espíritu que vestía una larga túnica negra. Luego hice lo que anteriormente les había advertido a mis amigos que no hicieran: No le pregunté al espíritu su nombre ni por qué había venido. Tontamente miré esta oscura imagen que no había sido invitada y le dije en voz baja: "Váyase".

El espíritu aceptó y luego dijo: "Está bien". Se dio vuelta y desapareció, traspasando la pared del lado opuesto de la habitación. Esa noche no se me apareció ningún otro espíritu y pasé el resto de la noche ayudando a aquellos que necesitaban asistencia para salir de la choza del ritual en busca de aire para purgar, y para finalmente regresar a sus carpas a dormir. La ayahuasca había estado bastante fuerte y el ritual había sido un éxito. Yo, también, me retiré a mi colchón y mi mosquitero y caí en un sueño tan profundo que no soñé. Por la mañana, los que habían venido a beber con nosotros regresaron a sus casas y a los hostales y hoteles de la ciudad.

Me senté con Don Juan para beber nuestro vaso de agua con limón y ajos, como lo hacíamos todas las mañanas después de un ritual de ayahuasca. Eso te limpia el hígado y los riñones de cualquier residuo granuloso de la medicina que se hubiera quedado allí. No se debe consumir nada hasta el medio día. El dejar de comer antes del medio día es para permitir que todos los efectos medicinales de la ayahuasca se queden en tu cuerpo y lograr la mayor sanación posible de la medicina. Estaba sentado allí con Don Juan cuando me preguntó lo que pensaba sobre cómo resultó la noche.

"La ayahuasca estaba bastante fuerte", le dije, complacido de que hubiera sido así.

"¿Experimentaste algo fuera de lo común?", me preguntó.

"No, Don Juan. Solo vi un espíritu toda la noche". Le conté cómo lucía el espíritu y cómo se me había presentado.

"¿Con una larga barba ensortijada de color negro y algunas mechas plateadas?".

"Sí, Don Juan. Y una larga túnica de color carbón oscuro."

"¡Alan! ¡Ese era el rey, el rey de la ayahuasca! El vino a ti en la noche de tu iniciación ¿y tú le dijiste que se fuera?" No lo podía creer. "¿No te dije cómo hay que responder cuando se te presenta un espíritu?"

"Sí, Don Juan. Lo siento. ¿Cree que volverá a venir?" Me sentí como un completo idiota.

"¡Por supuesto que regresará!", me aseguró, pero yo no estaba muy seguro de eso.

A la noche siguiente decidí beber nuevamente con la esperanza de que este espíritu no se hubiera ido tan lejos. Aunque sabía que la noción de tiempo y espacio estaban completamente fuera de lugar en el mundo espiritual, seguía pensando que cuanto más pronto bebiera la medicina, tendría más oportunidad de hablar con el rey.

Esa noche, casi de manera clandestina, me colé en el ritual en la choza y bebí una dosis grande de la misma ayahuasca que yo había preparado para mi iniciación. Me senté allí solo en el centro de la habitación. Cuando sentí los efectos, empecé a cantar no solo los icaros que había aprendido de Don Juan, sino también los que aprendí de mi maestro del San Pedro. Después de una hora de haberse iniciado la ceremonia, Don Juan salió de su casa y entró a la choza.

"¡Alan! ¿Qué haces aquí?" No estaba contento.

"No pasa nada, Don Juan. Estoy bebiendo ayahuasca", le respondí calmadamente.

"Entonces canta. Sigue cantando toda la noche para que atraigas solo a los espíritus que quieres. Si no lo haces, vendrán espíritus no deseados".

Entonces empezó a cantar sus icaros y me pidió que cantara con él. Canté tal vez cinco icaros con él. Una vez que se sintió seguro de que yo podía seguir cantando los icaros, empezó a caminar hacia la salida de la habitación y cuando ya se había alejado unos pocos metros, volteó la cabeza hacia la puerta y dijo: "¿Te acuerdas de aquella mujer de Lima que se ha estado quedando aquí con nosotros?"

La familia de Don Juan había dado acogida a una joven limeña. Era su prima lejana, de unos diecinueve años de edad, que había roto con su enamorado y había llegado hasta allí para curar su corazón. Era perezosa y todos los días dormía hasta tarde después de pasarse toda la noche fuera en el pueblo, en algún lugar de Iquitos. No ayudaba a Leonor con los quehaceres de la casa, el lavado de la ropa, ni a cocinar; parecía que solo comía y dormía. Nadie sabía lo que ella hacía hasta tan altas horas de la noche cuando no estaba en la casa. Todos los días, Don Juan cantaba icaros especiales para que su corazón sanara pronto.

"Sí, Don Juan".

"Ella sale todas las noches y no regresa hasta el día siguiente. Quiero saber dónde está. Ve a buscarla".

"Pero, Don Juan", protesté, "estoy en medio de un ritual, bebiendo ayahuasca. No me puedo ir de aquí ahora".

Con su rostro me expresó de la mejor manera, "No eres tan inteligente como crees, y dijo: "No, Alan. No te estoy pidiendo que vayas allá físicamente y que la busques; lo que te pido es que tu espíritu la busque. Mañana me dirás dónde anda ella".

"¿Y cómo voy a hacer eso?", le pregunté.

Me volvió a clavar la mirada. "¿Cómo?, ¿tu otro maestro todavía no te ha enseñado a volar?" Disfrutaba de hacerme bromas sobre las cosas que yo había aprendido de mi "otro maestro" y también sobre las que no había aprendido. Cada vez que podía, yo también jugaba con él, dejándole de mencionar cosas que había aprendido. Una de las reglas de ser un aprendiz es que tienes que aceptar por completo a tu Maestro y regirte por su filosofía, sin importar lo que crees. Las cosas que has recogido de maestros anteriores debes guardarlas hasta que hayas terminado tu aprendizaje con tu maestro actual. Una vez que estés listo para practicar por ti mismo, puedes usar como desees las cosas que has aprendido de tus diferentes maestros, y así vas desarrollando tu propio estilo mientras vas integrando las nociones que has descubierto y que funcionan para ti.

Don Juan siguió: "Escúchame. Coloca el nombre de la mujer en tu frente. No pienses en nada más, y ¡ve!", me dijo y me volvió a repetir: "No pienses en nada más, y ve".

"Gracias, Don Juan". Y se volvió a retirar.

Mi mente iba a millón. ¿Eso era posible? ¿Esa era la manera de volar? ¿Por qué no me lo había explicado antes? Me di cuenta que nunca le había preguntado si había alguna razón detrás de las veces que me había quedado absorto en el espacio como si no tuviera control. Esta vez él me estaba pidiendo algo concreto, por más extraño que suene usar la palabra *concreto* en este contexto. Yo estaba entusiasmado. Me senté en la silla e hice lo que me dijo. Sabía el nombre completo de la muchacha y lo puse en mi mente, en el centro mismo de mi frente. Me di cuenta que solo podría mantener eso por un minuto o algo así, porque mi mente empezaba a divagar. Mi concentración regresaba solo después de haber divagado sobre muchas otras cosas más, y tenía que volver a empezar. Cada vez que volvía a empezar, me mantenía concentrado por más tiempo. Finalmente, después de haberlo hecho durante lo que me pareció ser cien veces, me encontré de repente en el aire moviéndome sobre el piso a una velocidad tremenda.

Desde la parte de arriba de los árboles, pude ver la Plaza 28 de Julio, que quedaba a casi cinco kilómetros de la choza para rituales de Don Juan. Podía a ver los grupos de gente y las lozas que cubrían las veredas. Yo estaba sobrevolando por todo eso. No me entusiasmé; solo miré alrededor y por alguna razón supe, que de todos los lugares en Iquitos donde la muchacha podría estar, este era el lugar que yo buscaba. No les puedo decir con exactitud qué tipo de ave o insecto era en el que yo estaba viajando, pero mirando atrás pienso que tal vez se trataba de un picaflor o de una libélula, por la manera en que me movía y la capacidad que tenía de poder quedarme colgando en el medio del aire, y por cómo podía flotar de un lado a otro con la brisa. Estaba mirando hacia abajo a este grupo de gente cuando aparecieron un hombre y una mujer y caminaron directamente hacia mí; parecía que se estaban presentando. Me di cuenta que en realidad no me podían ver.

Caminaron hasta llegar justo debajo de donde yo me encontraba. Controlé mis emociones porque tal vez era quien yo estaba pidiendo ver; miré primero hacia abajo a los zapatos de la mujer y del hombre, luego vi el rasgado en la rodilla del blue jean que llevaba puesto el hombre, y vi también la falda de la mujer. Sabía que apenas viera la cara de ella no me iba a poder mantener calmado, por lo que seguí mirando su cuerpo hasta que llegué a su rostro. Cuando vi su cara y me di cuenta que era ella, mi euforia fue tal que me tumbó de regreso a mi cuerpo en un instante. ¡No lo podía creer! ¡Era real! No solo podías dejar tu cuerpo, sino que parecía que incluso podías controlar cuándo y dónde ocurriría eso y posiblemente también por cuánto tiempo podías quedarte fuera.

Estaba tan entusiasmado con el descubrimiento que no pude hacer nada más durante la hora siguiente, por lo que fui hasta mi cama gateando para dormir. Estaba ansioso por contárselo a Don Juan. Dormí toda la mañana y me levanté alrededor de las 11:00 a.m., bebí mi agua con jugo de limón y ajos, y al mediodía me senté con Don Juan y su familia para almorzar.

"Don Juan, ¡anoche vi a la muchacha!"

Levantó la mirada de su tazón de sopa. "¿Y?"

"Ella estaba en la Plaza 28 de Julio. Estaba con un hombre que vestía pantalones blue jean con las rodillas rasgadas. No se estaban tocando. Parecía más bien que solo eran amigos".

Solamente levantó los hombros y siguió comiendo. Media hora después, la muchacha llegó y se sentó a comer. Recuerdo claramente que Don Juan le preguntó: "¿a dónde fuiste anoche?"

"A la Plaza 28 de Julio. Me encontré allí con un amigo".

Yo ni siquiera levanté la mirada de mi plato de sopa.

• • •

Hay tanta magia aquí en la selva. Muchas cosas por entender y muchas reglas que romper. Y esto es solo el inicio. La forma en que está llena de trampas, y se necesita solamente de una para desviarte de tu camino. La "luz al final del túnel" llega luego de mantener el equilibrio en el medio de la adversidad. Entiendo que mi misión no consiste en jugar con estas herramientas como lo hace un niño con un juguete nuevo, sino en usar estos dones de las plantas sagradas de poder y la eterna tradición del chamanismo para la sanación. Es aquí donde reside la verdadera magia.

Espero seguir escribiendo sobre mis experiencias con el deseo de que las personas puedan entender este fenómeno llamado curanderismo, para que los misioneros conflictivos con los que me he topado muchas veces puedan por fin entender que este tipo de trabajo no tiene nada que ver con el Maligno, y para ayudar a los viajeros que continuamente llegan hasta el Amazonas a reconocer que ellos también tienen un sanador dentro de sí mismos. Tal vez no estén en el camino de llegar a ser curanderos, pero eso está bien. Puede que ellos solo necesiten entender que pueden llegar al centro de las cosas sin tratar de convertirse en "un chamán".

En una oportunidad Don Juan me explicó lo importante que era entender esto al inicio de mi aprendizaje. Con una rama pequeña dibujó una espiral en el barro polvoroso que había debajo de nuestros pies, y con esa ramita empezó a señalar el perímetro de la espiral y me dijo: "Alan, este es el inicio de tus estudios de curanderismo. Durante nuestro viaje juntos, te iré guiando sobre este camino externo y hacia sus cámaras internas".

Mientras decía esto movió el puntero hacia la parte interior de la espiral. Luego colocó el puntero en el centro de ella y dijo: "Este es el corazón del curanderismo y el centro que tendrás que descubrir por ti mismo. No te puedo decir, ni lo voy a hacer, qué hay aquí. Te toca a ti descubrirlo. Cuando llegues a este punto habrás aprendido a sanarte a ti mismo y, si es el deseo de los espíritus, empezarás a sanar a otros. Te convertirás en un curandero con tus propios métodos de sanación y con un grupo particular de espíritus con los que habrás empezado a trabajar. Aunque el camino de la autosanación es para todos, la capacidad de sanar a otros no es otorgada a todos. Tal vez, cuando llegues al corazón, notarás que has aprendido a curarte a ti mismo. Tal vez pienses que eso es suficiente. Sin embargo, si los espíritus de las plantas lo desean, podrás sanar a otros. Eso queda por verse".

EPÍLOGO

Luego de haber trabajado en el curanderismo durante cuatro años en el Perú y el Ecuador, recibí una llamada de mi madre desde Tennessee. No había pasado tiempo con ella durante los últimos siete años y solo en algunas ocasiones le escribía contándole sobre mis experiencias. Me pidió que regresara a casa de inmediato.

"¿Qué pasa?", le pregunté.

"¿Puedes comprar talidomida allá en el Perú?" La talidomida era la droga que se recetaba en los años 1950 y 1960 para el mareo matutino, y luego se descubrió que era la causa por la que muchos bebés habían nacido deformes. "La otra noche vi un documental en la televisión donde hablaban maravillas sobre la talidomida por sus propiedades curativas contra el cáncer y el SIDA", dijo ella.

"¿Quién tiene cáncer?", le pregunté nerviosamente.

"Yo". Me contó que tres cuartas partes de su hígado estaban cancerosas y que necesitaba someterse a una operación.

Intenté comprar la talidomida en el Perú, pero me informaron que allí también lo habían prohibido. Regresé a ver a mi Maestro, Don Juan, y le expliqué la situación, y le pedí realizar un ritual para descubrir la causa y el tratamiento del cáncer. A la noche siguiente bebimos la ayahuasca y pude ver a mi madre tomando una medicina para bajar el colesterol, y estaba claro que esa era la razón de su cáncer. Volvimos a beber pocas noches despúes y descubrimos que una botella de uña de gato (*Uncaria tomentosa*) mezclada con jergón sacha (*Dracontium loretense*), dos plantas de la selva bastante poderosas que son anticancerígenas, purifican la sangre y refuerzan el sistema inmunológico, serían la mejor medicina para ella. Estas plantas debían ser cocidas con agua para extraer los alcaloides, en lugar de usar aguardiente que se suele hacer del pulque, una bebida alcohólica fermentada tradicional de México, porque podía causar daño a su hígado. Don Juan me aconsejó que al iniciar la mañana ella debía beber un vaso de agua a temperatura ambiente y el jugo de medio limón, seguido de una taza pequeña de la mezcla de uña de gato con jergón sacha. Otros herbolarios del mercado de plantas de Iquitos me corroboraron este consejo. Una vez que me sentí seguro de saber que esta era la elección correcta, me prepararon la medicina, y salí de la selva en un vuelo hasta Miami, y luego hasta su casa en Tennessee.

"¿Madre, estás tomando algún medicamento para bajar tu colesterol?", le pregunté.

"Sí, tomo Mevacor desde hace muchos años. ¿Por qué?"

"El Mevacor es la razón de que tengas cáncer".

"¡No, no!", insistió ella. "Esta medicina es buena. Ya le pregunté a los doctores; ¡no causa cáncer!"

Lo dejé pasar, pero solo después de que me contó que la había dejado de tomar desde su diagnóstico. Ella aceptó la medicina que le traje y cada mañana durante tres semanas antes de su operación bebió un vaso de agua con jugo de limón, seguido del té preparado con uña de gato y jergón sacha.

Cuando mi madre ingresó al hospital donde se sometería a la cirugía para extraerle la parte cancerosa del hígado, el cirujano, que resultó ser del Ecuador, nos informó que tal vez ella no sobreviviría a la operación. Yo había investigado un poco sobre este tipo de cáncer hepatocelular y descubrí que la posibilidad de sobrevivir incluso después de un año era mínima. El hígado es un órgano maravilloso en el sentido de que es el único órgano que tenemos que realmente se puede regenerar, pero cuando se extrae una parte de tal magnitud, el simple impacto de ello en el cuerpo puede ser suficiente para matar a la persona.

Después de la operación el doctor nos informó que la cirugía había sido un éxito y que él pensaba que "habían sacado todo". Ella estaba en la unidad de cuidados intensivos y se estaba recuperando muy bien. Le pregunté si le iban a cambiar la dieta.

"¿La dieta? ¿Por qué habría que cambiarle la dieta? ¿Tú eres doctor?"

Le expliqué que una dieta de vegetales y frutas frescas con alimentos muy poco cocidos resultaría más fácil para el funcionamiento de su sistema ahora y también la proveería de los nutrientes que ella necesitaba. Él no estuvo de acuerdo. Luego le conté de un porrazo que yo había estado estudiando curanderismo en el Ecuador y el Perú y que el medicamento para el colesterol que había estado tomando era la causa del cáncer que ella tenía, y que había estado tomando agua con limón seguida del té de hierbas cada mañana durante las tres últimas semanas. Luego respiré.

"El Mevacor no causa cáncer," negó rotundamente, a lo que agregó: "Conozco la uña de gato, es una medicina folclórica de poco valor".

No valía la pena discutir con él. Me quedé en Tennessee hasta asegurarme de que la recuperación de mi madre fuera bien y luego continué con mi gira para hablar sobre el tema del curanderismo. Dos meses después regresé a Flagstaff, Arizona, que por un tiempo me sirvió de base durante mi estadía en los Estados Unidos. Me pasé todo un día investigando en Internet sobre el Mevacor y descubrí algo bastante interesante: el Mevacor baja el colesterol al combatirlo en el hígado, transformándolo en otra cosa (supuestamente más deseable). Llamé por teléfono a mi madre para cerciorarme de que no hubiera empezado a tomar otra vez ese medicamento, y volver a implantar en su mente que era necesario que siguiera tomando el té preparado con uña de gato y jergón sacha. Estuvo de acuerdo. Cerca de treinta y cinco días después, cuando había regresado nuevamente a Flagstaff, recibí un mensaje de ella para que la llamara.

"Alan, hay algo que debo decirte". En esos pocos segundos antes de que me empezara a hablar, pensé en tantas repercusiones nefastas posibles que imaginé ella me diría después, que la frente me empezó a sudar.

"¿De qué se trata, madre?"

"¿Te acuerdas del cirujano del Ecuador? Me acaba de decir que debe haber habido un error en las radiografías y ultrasonidos. Se disculpó y me dijo que evidentemente hubo algún tipo de error. Cuando me operó, el cáncer se había reducido a un tamaño bastante pequeño y estaba completamente encapsulado. No puede entender qué fue lo que pasó".

"Umm..., pero tú sí sabes lo que pasó, ¿verdad?", le insinué.

"No lo sé, Alan. Nada de esto tiene sentido. Estoy tan confundida como el doctor".

"¿Seguirás tomando la medicina que te di?", le pregunté.

"Claro que sí la tomaré. A propósito, ya casi se me acabó. ¿Me puedes traer más?"

Con lágrimas corriéndome por las mejillas, le respondí, "Por supuesto que sí. Te amo, madre".

"Yo también te amo, hijo".

Cuando estudiaba curanderismo con diferentes maestros, regresé a los Estados Unidos por un mes, haciendo una parada en San Francisco para reservar un boleto de regreso con mi agente de viajes. Ella me preguntó de qué se trataba el chamanismo y la ayahuasca, y se lo expliqué de la mejor manera que pude. Luego me preguntó si eso podría ser de ayuda para una amiga suya que había sido diagnosticada de un cáncer incurable y le habían dado tan solo tres meses de vida.

"Claro que sí", le respondí. "El cáncer es una de las enfermedades que mejor responde a la sanación chamánica y a la ayahuasca. Desafortunadamente, muchas personas esperan hasta el último momentos antes de intentarlo, haciendo así la sanación más difícil". Le expliqué cómo funcionaba el curanderismo, que no es un tema común ni es fácil de aceptar para las personas que no tienen ningún conocimiento al respecto. Yo mismo he estado aprendiendo por años y he participado en aproximadamente doscientos rituales de sanación con la ayahuasca o el San Pedro. La gente llega a ver a mis maestros por una variedad de razones, y van todos los días, no solo en las noches que se realiza un ritual. Sin embargo, es la ceremonia con el espíritu de la planta sagrada de poder y el curandero lo que tiene más poder. Allí ocurre una magia de sinergias. Así como la planta de la ayahuasca necesita la presencia de otra planta, la chacruna, para producir la medicina de la ayahuasca, el espíritu de la medicina necesita del curandero para efectuar la sanación.

Le di mi dirección a mi agente de viaje y regresé a la selva. Al año siguiente fui aprendiz de mis maestros en el Ecuador y el Perú, y regresé a los Estados Unidos, y otra vez hice una parada en San Francisco para ver a mi agente de viajes.

"¡Alan! Tengo una carta para ti", me informó ella.

"¿Una carta para mí? ¿Quién me va a escribir una carta y enviártela a ti?"

"¿Recuerdas la mujer de la que te hablé, mi amiga con el cáncer incurable? Tengo una carta suya. No está dirigida a ti directamente, pero se trata de ti y de lo que me contaste la última vez que estuviste aquí".

Sacó la carta del cajón de su escritorio y me la leyó. La mujer había viajado hasta Iquitos, Perú, y fue a buscarme a la dirección que yo le había dado. No me pudo encontrar, porque en ese tiempo yo estaba en el Ecuador. Había encontrado un guía que la llevó a ver a un sanador, con quien participó en un ritual de ayahuasca y entró en un estado parecido al coma durante treinta y seis horas. Al despertar se sintió extraordinariamente bien. Cuando regresó a los Estados Unidos sus doctores le realizaron una serie de pruebas y no encontraron ninguna señal de cáncer. A esto le llamaron "remisión espontánea"; ella lo llamó un milagro. Nosotros lo llamamos curanderismo.

NO HAY ATAJOS

La ayahuasca es la planta enteogénica purgativa preferida por la mayor parte de sanadores de la selva para aliviar padecimientos psicológicos, para hacer que un alma asustada y errante regrese al cuerpo (recuperación del alma) y para descubrir y transmutar enfermedades físicas. La purga, como la llaman muchos curanderos, es la combinación de la planta de ayahuasca cocida con chacruna y produce una reacción en el estómago que a los cuarenta minutos provoca el vómito o la diarrea (y en algunos casos, se elimina por ambos lados a la vez). El efecto final en el cuerpo es el de una limpieza total.

La planta de ayahuasca (*Banisteriopsis caapi*) contiene beta-carbolinas, que desactivan o inhiben una enzima, la monoaminoxidasa o MAO, lo que ocurre de manera natural en las vísceras, el estómago y el intestino grueso. Una vez que la encima ha sido neutralizada, el alcaloide dimetiltriptamina, o DMT, que se obtiene al mezclar la chacruna (*Psychotria viridis*) o chaliponga (*Diplopterys cabrerana*) puede entrar a tu sistema, pasando la barrera sanguínea del cerebro.

En vez de tomar la ayahuasca de manera tradicional, que el curandero ha cocido por largo tiempo antes de consumirla, es posible extraer los alcaloides necesarios de esas plantas y después de ingerirlas, obtener un efecto enteógeno. La plétora de literatura disponible en

Internet, que incluye muchas fórmulas asequibles para la extracción, hace de esta una operación bastante simple. Por ejemplo, de los varios artículos disponibles sobre el tema, sabemos que el alcaloide activo en el cactus del San Pedro es la mescalina y que esta se encuentra solo tres milímetros adentro de la corteza de la planta. Por eso para producir el estado enteogénico de una manera eficiente, hay que descartar el resto de la planta, porque no contiene ningún alcaloide psicoactivo. De la misma manera, la ayahuasca se puede preparar extrayendo el DMT de una variedad de plantas (incluso existe un DMT sintético) y mezclarla con semillas de ruda siria (*Peganum harmala*) para remplazar a las betacarbolinas que se encuentran en la planta de ayahuasca.

Cuando leo este tipo de artículos, siento como si estuviera leyendo instrucciones para preparar una droga, no una medicina. La fuerza de vida que contiene la *planta entera* es lo que activa sus energías de sanación, y la manera en que la planta es cosechada, preparada y consumida en una ceremonia, es lo que permite que se produzca una sinergia entre nosotros y el espíritu de la planta y la energía de fuerza de vida para producir una sanación. Cuando solo extraemos el alcaloide, dejamos a la planta sin equilibrio. Convertimos estas plantas sagradas de poder en algo que no estaban destinadas a ser y en la mayoría de los casos creamos una sustancia que se asemeja más a una droga que a una verdadera medicina.

Comúnmente se cree que con solo usar el tronco de la planta de uña de gato uno está recibiendo su medicina de manera efectiva. Sin embargo, al hacer eso, ¿acaso no estamos creando también una situación donde nuestra propia estructura celular rápidamente ocasiona una resistencia a la medicina de la planta entera? Las drogas adictivas también se producen extrayendo solamente los alcaloides potentes. Contrariamente, cuando se usa la planta entera, esta tiene más balance y por lo tanto hay más posibilidad de mantenernos en equilibrio. El curanderismo se trata de la sanación de *todo* el cuerpo: lo espiritual, lo físico y lo emocional. Para lograr esto es indispensable que las plantas y sus fuerzas de vida específicas puedan hacer su trabajo, lo que no puede ocurrir si solo se extraen las esencias psicotrópicas. Es cierto que podrás lograr una experiencia visionaria, incluso de catarsis. Pero como Don Juan muchas veces me dijo: "Entonces, Alan, esto es como una droga. No tiene valor medicinal".

"Sí, Don Juan. Le quita la magia".

EL PRECIO DEL APRENDIZAJE

Espero que aquellos de ustedes que deseen trabajar con las plantas sagradas de poder y entrar a los reinos mágicos que existen en el mundo chamánico, acepten que esto tiene un precio, que puede ser difícil de tolerar: durante tu travesía, no solo te van a engañar o maltratar, te van a mentir y muchos de los que se hacen llamar maestros con los que te vas a topar te van a manipular. Además vas a tener que lidiar con las pruebas y tribulaciones mentales, emocionales y psicológicas relacionadas con el aprendizaje chamánico.

En realidad son muy pocos los que tienen ese don o que han sido llamados para hacer este trabajo. Cada uno de ellos te hará diferentes relatos increíbles de cómo vivieron con sanadores indígenas, o te contarán un sinnúmero de historias locas y milagrosas para seducirte. Después de todo, ¿acaso no es eso lo que quieres escuchar? ¿Cuántos predicadores o sacerdotes han tenido una "experiencia divina"? La verdad es que muy pocos. Todos ansían tener una, te lo digan o no. Todos quisieran creer que la profesión en la que están trabajando viene de una autoridad superior, un mundo al cual fueron guiados por fuerzas divinas. Raramente ocurre esto.

Lo mismo sucede con los más o menos 4.500 curanderos que practican en la selva de Loreto, Perú. Muchos se hicieron curanderos porque les gustó la idea. Algunos lo hacen porque no hay otro tipo de trabajo. Cocer la ayahuasca no es una tarea difícil y es cierto que es suficiente memorizar algunos icaros para realizar un ritual. ¿Y cómo se explica la sanación que a veces ocurre cuando actúan mecánicamente como curanderos? La ayahuasca de por sí es una medicina bastante fuerte y por sí misma puede provocar la curación de muchos males. Es especialmente buena para combatir los parásitos, uno de los problemas más comunes en la selva. También es muy eficaz para prevenir la malaria (después de todo, la malaria es causada también por un parásito). Todo esto lleva a una pregunta clásica: ¿Cuánto de lo mágico viene de la medicina y cuánto del curandero? Y tal vez lo más importante, una vez que dejas de lado tu ego, ¿qué parte de tu sanación vino del doctor que tienes dentro de ti? ¿Podría producirse una sanación si el paciente bebiera la medicina sin la presencia de un ayahuasquero?

Este el punto donde debo destacar la diferencia entre un curandero ayahuasquero y un chamán. El chamán es guiado en su trabajo. Su plano de sanación es totalmente espiritual. La mayor parte de los ayahuasqueros actúan de manera mecánica. Se han formado en su oficio de la misma manera en que se aprende a ser mecánico de automóviles. Y esto también tiene cierto poder. Ellos sanan y tienen bastante conocimiento sobre las plantas medicinales. Así como un doctor en medicina moderna reconoce un síntoma y automáticamente receta un medicamento, los curanderos ofrecen plantas y hierbas para una sanación. Muchos de estos curanderos son también excelentes psicólogos; entre los problemas que les llegan a diario están los de personas con padecimientos psicológicos, y sin esos casos ellos no tendrían el dinero para mantener su práctica. Además saben que la mayor parte de los males físicos que ven a diario están relacionados con la dieta. Y a diferencia de lo que dice la literatura popular, son muy pocos los casos que están relacionados con hechizos que le han hecho a la persona.

Yo tengo mucho respeto por los curanderos con los que he trabajado.

La mayoría de ellos tiene el sincero deseo de sanar a otros, y tratan de ser curanderos con la mayor sabiduría posible. Incluso ahora existe, en el norte del Perú, una escuela para curanderos que otorga certificados; tal vez tú también quieras inscribirte allí.

Un último toque de realidad. Cuando visito a los diferentes curanderos, siempre emerge un factor: el curandero realiza un servicio y necesita que le paguen. Si no se hace un arreglo verbal abierto sobre el precio por la oportunidad de estudiar o beber con ellos, entonces de una manera u otra vas a sentir que se están aprovechando de ti, o que te han usado. Y cuando finalmente pases todo eso y te tomes un momento para recapitular y mirar lo que ha sucedido, lo que verás (o lo que al menos espero que veas) es que tu idea sobre el curanderismo y el mundo místico del chamanismo, ese lugar tan sagrado y espiritual que tanto ansiabas llamar hogar, es totalmente diferente a como lo imaginabas.

Muchas personas van a América del Sur con la idea equivocada de que este tipo de trabajo en un plano espiritual no debe ser algo por lo que se deba pagar, que los sanadores deberían entender que tú estás en una travesía espiritual y que has sido guiado hacia ellos para que te enseñen sus métodos de sanación a cambio de nada, porque ¿cómo es posible que te cobren por tal sacrificio personal? Y es que de eso se trata exactamente. Es el sacrificar algo, ya sea dinero o una gallina, lo que da lugar a la enseñanza, lo que permite al sanador sanar, al paciente ser curado, y al estudiante ser receptivo a que se le dé algo que pueda recibir.

Yo nunca había pagado a mis maestros por nada, ya que al inicio también pensaba que como yo sabía que estaba siendo guiado a estos aprendizajes, no tendría que pagar nada. Pero luego sí lo hice, solo que no fue un intercambio directo con dinero. Por ejemplo, junto con una inversión inicial que hizo mi amiga Gina, durante dos años estuve construyendo una casa de dos pisos en el terreno de mi Maestro. También viví allí. Después, el 31 de diciembre de 1995 a las 11:55 p.m., le entregué la casa. Si no lo hubiera hecho, lo más probable es que él la hubiera vendido cuando se hubiera dado cuenta que yo estaba fuera del país por unos meses y luego hubiera trasladado su familia a Brasil. Es así como funciona el mundo del curanderismo, y cuánto más pronto lo veas y aceptes, más rápido empezarás a hacer tu trabajo real.

DOS ICAROS DE DON PEDRO

Aquí van dos icaros que me ofreció Don Pedro Culqui Vela, de Iquitos, Perú. Don Pedro es un curandero mestizo que también trabaja con la ayahuasca, a diferencia de un curandero que trabaja principalmente con la ayahuasca (ayahuasquero). Él bebe ayahuasca ocasionalmente en la pequeña habitación de sanación adyacente a la parte posterior de su casa y me dio permiso para publicar su dirección: Bolívar # 864. Yo les aconsejo a los que deseen visitar a Don Pedro y unírsele en un ritual de ayahuasca que vayan allá por lo menos tres días antes y que le paguen tan pronto lleguen para que él pueda comprar suficiente chacruna (alrededor de cinco dólares por persona). Además, para evitar tener que hablar de dinero y tener que escuchar lo difícil que es para un curandero sobrevivir económicamente, les recomiendo que paguen por beber la ayahuasca antes de que empiece el ritual. Se sugiere que sean veinte dólares (aproximadamente sesenta soles), que es un buen pago para un curandero, especialmente si ya le diste dinero para que compre la chacruna.

Te recomiendo que sigas el siguiente consejo a manera de advertencia con cualquier curandero normal: el noventa por ciento de los curanderos te agradecerán el pago inicial de cinco dólares por la chacruna y aceptarán el dinero, y al mismo tiempo te dirán que no hace falta comprar más chacruna porque ellos son bastante eficientes en preparar una ayahuasca bastante fuerte. No les creas. Ellos prepararán su ayahuasca típica de los mestizos, que por cada litro ni siquiera contiene la cantidad de chacruna que te dan por cinco dólares, y se quedan con tu dinero. En esos casos es mejor que tú mismo compres la chacruna y personalmente la eches en el brebaje que se está cociendo. Esta es la única manera de que puedas asegurarte que la medicina contiene la cantidad suficiente de chacruna para producir el estado enteogénico deseado. Puedo agregar que Don Pedro es una excepción a esta forma de practicar.

El primer icaro de Don Pedro es básicamente intraducible. Se canta con las vibraciones apropiadas, usando los sonidos vocalizados que he intentado trascribir. Algunas de las líneas de abajo incluyen palabras del idioma quechua mezclados con español, que he tratado de traducir.

Icaro Sinchi

Ha na na nai [repetir dos veces]
Roi ta na na nai
Ta na na nai
Roi espiritista murayari
Espiritista murayari
Sinchi sinchi
Doctorsituy
Ni arnulfo achi de feregros sinchi sinchi
Doctor situy
Ni Curanchiriri cuerpituuy
Ni...ni...ni...ni...
Ha...na...na...na...
Ta...na...na...noi...

Roi cargadito ade [Él viene, cargando muchas cosas]
Llegar...El legítimo [Aquí está él, el verdadero]
Mediguito [el doctorcito]
Nunca nunca ya [Nunca, nunca más]
Ande poder a quebrantar mis [El poder de sanación de
    los icaros no se puede quebrar]
Icaros...Icaros...Icaros

El segundo icaro de Don Pedro se usa para llamar al "doctor", el
espíritu sanador de la planta:

El médico

Dentro la cueva [Dentro de la cueva]
Nasidito [Él ha nacido]
Sobre la pena [Bajo la roca]
Eresidito [Va creciendo un poquito]
De piedra blanca [De piedra blanca]
Tu cashimbito [Está hecha tu pequeña
pipa de tabaco]
De toma y penda [Bebiendo y agarrando]
¿Tu tabaquito? [Tu pequeño tabaco]
Desde las jaleas [De la miel de abejas]
A de venir [Él vendrá]
Cargadito ade [Cargando muchas cosas]
Llegar, El legítimo [Aquí está él,
el legítimo]
Mediquito [El doctorcito querido]
De Chachapoyas [De Chachapoyas]
Ade venir [Aquí está él]
Cargadito ade [Cargando muchas cosas]
Llegar...El legítimo [Aquí está él... el real]

Mediquito [El doctorcito querido]

Nunca nunca ya [Nunca, nunca más]

Nunca nunca ya [Nunca, nunca más]

Ande poder aquebrantar mis [El poder de sanación de los icaros no se puede quebrar]

Icaros...Icaros...Icaros

GLOSARIO

Aguardiente: Una bebida alcohólica potente que se hace al destilar la caña de azúcar. Se agregan hierbas medicinales a las botellas llenas de aguardiente y se les sacude varias veces al día durante un par de semanas para que el alcohol extraiga la medicina de las plantas.

Ayahuasca: Del idioma quechua, que significa "soga de muerto" o "planta del alma". *Ayahuasca* es el nombre que se usa para describir tanto la medicina que se hace al combinar la planta de ayahuasca (*Banisteriopsiscaapi*) con chacruna (*Psychotriaviridis*), como el que se le da a la planta misma. Esta contiene harmala y harmalina, conocidas en conjunto como inhibidores de la MAO (monoaminoxidasa). Se le puede encontrar por el norte tan lejos como en Panamá y en la Alta Amazonía y por toda la cuenca de la Baja Amazonía, donde la mayoría de las tribus nativas saben que la planta debe ser cocida con otra planta que contenga DMT (*N,N*-dimetiltriptamina) para que la medicina resulte efectiva. Una de las teorías populares entre los curanderos mestizos es que visitantes extraterrestres fueron los que plantaron aquí la ayahuasca. Raramente florece y produce semillas, por lo que cuando la encuentras creciendo en la selva ello significa generalmente que ha sido plantada por un sanador, que es su dueño, y por lo tanto no debes tocarla sin su permiso. He tenido la suerte de ver florecer la planta en cinco oportunidades desde que llegué al Perú en 1991.

Ayahuasquero: Un curandero experto en cocer y usar la ayahuasca.

Brujo: La "otra cara de la moneda" de un curandero, ellos trabajan con magia negra. Los brujos son sanadores y también se dedican a hacer daño a las personas cuando los contratan para hacerlo. Por lo general, se han convertido en brujos porque no podían mantener las dietas necesarias para ganar el poder inherente cuando se llega a ser curandero. En la selva, prefieren trabajar con la datura. Los brujos no tienen escrúpulos y harán prácticamente cualquier cosa a cambio de dinero. Pueden ser bastante poderosos, y una vez que le han hecho daño a alguien, se necesita de un curandero muy poderoso para quitar el mal.

Chacruna: Es el nombre local que se da a la planta *Psychotriaviridis*. Esta o la chaliponga ohuambisa (*Diplopteryscabrerana*) se usan como el aditivo con el que se mezcla la liana de ayahuasca para preparar la medicina llamada ayahuasca. Contiene DMT (*N,N*-dimetiltriptamina).

Curandera: Femenino de curandero. Según la cultura de algunas tribus y hasta en varios subgrupos de mestizos, las curanderas no pueden ser aprendices sino hasta después de la menopausia.

Curandero: Luis Eduardo Luna, investigador muy respetado en el tema del curanderismo mestizo, considera que es justo referirse a los diferentes tipos de curanderos como chamanes. Yo tengo mis reservas al respecto. Lo cierto es que el señor Luna ha escrito el trabajo más completo sobre los curanderos mestizos: *Vegetalismo: Shamanism among the Mestizo Population of the Peruvian Amazon [Vegetalismo: El chamanismo en la población mestiza de la Amazonía peruana]*, que actualmente no se puede encontrar impreso, pero que bien valdría la pena que alguna editorial lo reimprimiera para que el público pueda tener acceso a este trabajo. En su obra, Luna otorga el crédito al antropólogo sueco Åke Hultkrantz por su definición de chamanismo: "La idea central del chamanismo es establecer medios de contacto con el mundo sobrenatural mediante la experiencia del éxtasis de un profesional e intermediario inspirado, el chamán. Es así que existen cuatro componentes importantes en el chamanismo: la premisa ideológica, o el mundo sobrenatural y los contactos con este mundo; el chamán como el actor que representa a un grupo humano; la inspiración, la cual recibe de sus espíritus colaboradores; y las experiencias extraordinarias y de éxtasis del chamán". Concuerdo en que esta definición es la apropiada para cubrir los mecanismos, pero no cubre las cualidades espirituales que necesita tener el sanador dentro de sí para elevarlo al nivel de chamán. Todavía no he conocido a un curandero que trabaje por otra razón que la económica y la manipulación sexual, sin mencionar los problemas que la mayoría de ellos tienen con sus egos. Aunque los curanderos están conscientes de que cualquier cambio en sus vidas puede limitar su poder, son muy pocos, si hay alguno, que pueden mantener un estilo de vida que les pueda dar la identidad de lo que yo considero un verdadero chamán. Un chamán es sobre todo una persona bastante humilde. Un chamán va más allá de juegos manipulativos mezquinos que se realizan para sacar dinero o conseguir favores sexuales. Un chamán conserva los poderes que le han sido otorgados por los dioses y por los espíritus de las plantas manteniendo la dieta, los pensamientos y la conducta general de una persona espiritual. Hoy en día los curanderos con frecuencia se refieren a sí mismos como chamanes, ya que han empezado a entender el significado que le damos a esta palabra y saben que ponemos al chamán en un pedestal. ¿Mi recomendación para los que van a visitar a un curandero? Si te encuentras con un curandero que se refiere a sí mismo como chamán, has de saber que un verdadero chamán jamás se referirá a sí mismo de esta manera y ten esto bien presente. Además debes saber que existen diferentes tipos de curanderos: el sanador que se especializa en los usos de la ayahuasca y se llama *ayahuasquero;* hay otro tipo de curandero al que se le conoce como *palero* que es experto en beber resina de los árboles. A veces en forma de broma los ayahuasqueros son llamados *sogueros,* porque la ayahuasca está hecha de una liana que parece una soga. Para una información más detallada hay que referirse al trabajo de Luis Eduardo Luna aquí mencionado.

Curanderismo: Esta palabra deriva del español *curandero,* aquella persona que usa las plantas como medicina. Esto concierne a todas las cosas que se mueven alrededor del arte de sanación del curandero.

Datura: El nombre botánico de esta planta es *Brugmansiasuaveolens*. Comúnmente se agregan no más de tres hojas de esta planta a la ayahuasca de un curandero. Si se usa más, se siente resequedad en la garganta. La datura es un psicotrópico con un poder bastante peligroso que no se debe tomar a la ligera. Los brujos la prefieren porque creen que con esta planta pueden entrar más fácilmente al plano espiritual, además de que no se necesita seguir la dieta estricta que se requiere para trabajar con maestros de otras plantas.

DMT: *N,N*-dimetyltriptamina es un neurotransmisor que se encuentra en los humanos, plantas y animales. El gobierno de los Estados Unidos lo ha declarado ilegal. La DMT es el alcaloide activo en la *Diplopteryscabrerana* (chaliponga) y la *Psychotriaviridis* (chacruna), las plantas aditivas que se usan para preparar el brebaje de ayahuasca. Las Naciones Unidas, en su interpretación de la Convención sobre Sustancias Psicotrópicas de 1971, firmada por los Estados Unidos, establece que cuando la DMT fue declarada ilegal en la convención se hacía referencia a la DMT en su forma sintética, que no tiene nada que ver con la DMT que aparece en forma natural en las plantas o decocciones que se preparan con ellas. Sin embargo, varios gobiernos de países que tradicionalmente no usan plantas que contienen DMT, como los Estados Unidos, han afirmado que sus leyes invalidan este tratado internacional y han declarado ilegal la DMT en todas las variantes de plantas.

Doctores: Una manera de referirse a los espíritus de los árboles.

Enteógeno: "Que genera lo divino dentro de uno". *Enteógeno* es el término que se prefiere usar en la actualidad para describir aquello a lo que anteriormente nos referíamos como "psicotrópico" o "psicodélico".

Gringo: De mis viajes por tierra hasta el Amazonas deduzco que la palabra *gringo* no alude solamente a los ciudadanos norteamericanos, sino también a cualquier extranjero que visite la zona. Esta palabra no tiene la connotación peyorativa que todavía puede tener en México.

Harmala y harmalina: Inhibidores de la monoaminaoxidasa (MAO) que se encuentran en la planta de la ayahuasca. Estos inhibidores neutralizan la MAO que aparece de manera natural en tu estómago e intestinos. Una vez que ha sido inhibida, se puede sentir el efecto total de la ayahuasca.

La purga: Es el epíteto que se usa en el Ecuador y el Perú para referirse al momento en que se toma ayahuasca.

Mapacho: *Nicotiana rustica,* es una planta de tabaco de la selva muy rica en sabor que crece río arriba en Iquitos, Perú. Las hojas se enrollan en pequeños palillos de veinticinco centímetros de largo y cinco centímetros de grosor después que se les ha dejado remojando en un bebida alcohólica local que se obtiene de la destilación de la caña de azúcar (es decir, aguardiente) para evitar que se quiebren.

Mestizo: La raza que resultó de la mezcla de genes de los indígenas y de los españoles.

Plantas sagradas de poder: Son las plantas que producen éxtasis cuando se les ingiere. Se les considera sagradas porque son enteógenas. Todas ellas poseen un espíritu de sanación o un ente emisor dentro de ellas que se puede convertir en tu Maestro si ella elige mostrarse a ti.

San Pedro: Es el cactus psicotrópico *Trichocereuspachanoi.* Este es quizás el cactus que está teniendo una aceptación más rápida en el mundo y que no ha sido declarado ilegal todavía. Contiene mescalina y es una planta sagrada de poder usada en los Andes del Ecuador y el Perú.

Soplar: En el ritual de la ayahuasca esto se refiere a la acción de absorber el humo del tabaco sagrado y expirarlo sobre un objeto o una persona. Se hace para purificar y proteger aquellos sobre lo que se ha soplado. Normalmente puedes recibir un sopla'o con humo de tabaco de mapacho orgánico o con agua florida. Sin embargo, hoy en día el agua florida es sintética y quema ligeramente la boca. Lo mejor es que tú mismo prepares el tuyo usando aguardiente o vodka 151. Agrega hierbas aromáticas a la botella durante un par de semanas y agítala varias veces.

Susurrar al aire: Literalmente llevar el tono de un icaro silbando sin dejar que las notas musicales se oigan del todo. Se puede escuchar la melodía, pero no se logra escuchar fuera del espacio donde se está realizando el ritual. Esto normalmente se hace cuando se ha soplado la taza que se usará para beber la ayahuasca y se bendicen los cigarrillos de mapacho que se usarán esa noche. También he visto que esos icaros son entonados de esta manera durante toda la noche para proteger el ritual de ojos y oídos curiosos del mundo exterior, y mantenerlo en secreto y seguro.

Tambo: Una choza sin paredes y con techo de paja.

Turismo de ayahuasca: Parece ser que existe un movimiento para convencer a los gringos de que no visiten a los curanderos del Amazonas de Ecuador, Perú, Brasil y Bolivia, ya que hacer eso "conduce indiscutiblemente a incrementar el trastorno ecológico y cultural que afecta a esas zonas, además de traer enfermedades a los indígenas que no están inmunizados, y atraer un tipo de atención inapropiada a la ayahuasca".* No tengo la menor idea a lo que se refieren con esto en concreto. No sé de ninguna excursión de ayahuasca que en realidad lleve a sus clientes tan adentro en la selva que puedan encontrar indígenas que de otro modo serían inaccesibles. Aparentemente el grupo indígena al que se refiere en esta nota está tan apartado de la civilización que es imposible interferir con su cultura o afectar sus sistemas inmunológicos con un programa de "turismo de ayahuasca" que dura una o dos semanas. Sencillamente, es imposible llegar a ellos sin antes haber organizado un plan de expedición. Es más, los programas con los que estoy familiarizado en el Perú y el Ecuador, funcionan principalmente con curanderos mestizos y tribus de otras culturas que hace muchos años salieron de la profundidad de la selva a las zonas comerciales del río Amazonas y sus afluentes. Los indígenas a los que se puede acceder lo permiten por razones económicas. Es obvio que su cultura y sistema inmunológico ya han sido comprometidos, y claramente se han adaptado. Y, para nuestra fortuna, han traído consigo el conocimiento de la planta medicinal. Si de vez en cuando, los diferentes turistas de ayahuasca deciden visitarlos, ellos los reciben con mucho gusto para compartir sus conocimientos. Es más, ellos se alegran de poder hacerlo, ya que sus hijos ciertamente no tienen ningún interés de aprender esto; les interesa más "estar a la par de sus

---

*Jonathan Ott, Pharmacotheon. Drogas enteogénicas, sus fuentes vegetales y su historia (Kennewick, Wash.: Natural Products, Co., 1996).

vecinos" vistiendo camisetas limpias y zapatillas deportivas de marca (esto es lo que los misioneros les han enseñado). Yo les sugeriría a los que van allá que lleven consigo las cosas que ellos más aprecian: lápices y lapiceros, camisetas (tallas pequeña y mediana), zapatillas deportivas (no importa si están usadas, tallas 33 a 37) y pantalones cortos. Puedes usar esto para intercambiar por arte y manualidades de los indígenas, o sencillamente se los puedes regalar.

Hay algunas zonas que son muy difíciles de acceder, tales como la Mayoruna (Matses), porque para llegar allá se necesita viajar por tres semanas en bote. Hay hidroaviones disponibles, pero el precio es prohibitivo y solo aceptan un número limitado de pasajeros. Yo personalmente considero que las expediciones que se organizan para visitar los lugares lejanos de la selva, donde están las tribus que se rehúsan a la transculturación, demuestran una gran falta de respeto, además de ser peligrosas, pero no sé de ningún programa que ofrezca este tipo de expedición. Tal vez la idea de que el turismo de la ayahuasca es una amenaza para la población nativa se deba a un reportaje que hizo un autor y etnomicologista norteamericano, Gordon Wasson, que dijo haber participado en una *velada,* una ceremonia con hongos, con María Sabina, una curandera mazateca que vivió toda su vida en una modesta cabaña en la Sierra Mazateca, en el sur de México, adonde llegaron muchos gringos sin ofrecer el debido respeto por la ceremonia, y como resultado de eso los espíritus dejaron de hablarle a María. Sin embargo, tengo que decir la verdad, los gringos en *búsqueda de la ayahuasca* con los que me he topado, se han comportado de manera opuesta: han mantenido y respetado muy bien la parte sagrada que tiene el curanderismo.

Vegetalista: La persona que cura usando los *vegetales,* o plantas, y normalmente un curandero que es también experto en una de las resinas de los árboles.

SOBRE EL AUTOR

Alan Shoemaker hace de Iquitos, Perú, su hogar junto a su familia. Estudia curanderismo mestizo y a veces guía a otras personas hacia los maestros del Ecuador y el Perú. Es presentador de la Conferencia Internacional de Chamanismo Amazónico (www.vineofthesoul. org) que se lleva a cabo todos los años en el mes de julio en Iquitos, y dirige la agencia de viajes DragonFly Tours, que hace reservas para turistas que desean viajar al interior del Perú. También dicta cursos intensivos de la planta del alma en una capilla ceremonial a solo veinte minutos del río Itaya desde Iquitos (www.facebook.com/groups/ vineofthesoulintensives).

Alan Shoemaker puede ser contactado en
alanshoemaker@hotmail.com

ÍNDICE

OTROS LIBROS DE INNER TRADITIONS EN ESPAÑOL

Las enseñanzas secretas de las plantas
La inteligencia del corazón en la percepción directa de la naturaleza
por Stephen Harrod Buhner

Medicina con plantas sagradas
La sabiduría del herbalismo de los aborígenes norteamericanos
por Stephen Harrod Buhner

La mente inmortal
La ciencia y la continuidad de la conciencia más allá del cerebro
por Ervin Laszlo
con Anthony Peake

La cábala y el poder de soñar
Despertar a una vida visionaria
por Catherine Shainberg

Numerología
Con Tantra, Ayurveda, y Astrología
por Harish Johari

El corazón del Yoga
Desarrollando una práctica personal
por T. K. V. Desikachar

Los nexos del ser
por Alex Grey
con Allyson Grey

Los chakras en la práctica chamánica
Ocho etapas de sanación y transformación
por Susan J. Wright

INNER TRADITIONS • BEAR & COMPANY
P.O. Box 388
Rochester, VT 05767
1-800-246-8648
www.InnerTraditions.com

O contacte su librería local